UTE HORN

MEINE KRISE GOTTES CHANCE

Dr. Ute Horn ist seit 27 Jahren verheiratet. Zusammen mit ihrem Mann Thomas hat sie 1 Tochter von 23 Jahren und 6 Söhne im Alter von 20-11 Jahren. Von Beruf ist sie Ärztin für Haut- und Geschlechtskrankheiten. Sie war 10 Jahre in einer überkonfessionellen Ehe- und Familienarbeit tätig und wird immer wieder zu Seminaren, Frühstückstreffen, Frauenwochenenden und Vorträgen als Referentin eingeladen. Ihre Hauptthemen sind seit mehreren Jahren »Meine Krise – Gottes Chance« und »Freundschaft, Liebe, Sexualität«. Sie hält Workshops für Teenager in Schulen, Jugendgruppen und Gemeinden sowie Vorträge und Wochenendseminare für Jugendleiter, Seelsorger und Interessierte. Sie ist Autorin folgender Bücher: »Ich will dir treu sein – Partnerschaft, die ein Leben lang hält«, »Leise wie ein Schmetterling – Abschied vom fehlgeborenen Kind«, »Baustelle Erste Liebe – Mit Teenagern über Freundschaft, Liebe und Sexualität sprechen« und »Baustelle Erste Liebe für Teens«, das sie zusammen mit ihrem 17-jährigen Sohn Daniel geschrieben hat.

Hänssler-Paperback
Bestell-Nr. 394.625
ISBN 978-3-7751-4625-8

Internet: www.haenssler.de
E-Mail: info@haenssler.de
Umschlaggestaltung: oha werbeagentur, Oliver Häberlin,
www.oha-werbeagentur.ch
Titelbild: Lee Taewoon/Shutterstock
Satz: Vaihinger Satz + Druck, Vaihingen/Enz
Druck und Bindung: Ebner & Spiegel, Ulm
Printed in Germany

ecpa International Member of the Evangelical Christian Publishers Association

Dieses Buch widme ich allen Menschen,
die gerade durch eine Krise gehen.

Inhalt

Danke

Mein besonderer Dank gilt meiner Familie, die so viele Stunden auf mich verzichtet hat, damit ich dieses Buch schreiben konnte. Dank an meinen Mann, der durch seine optimistische Art und sein tiefes Vertrauen in einen lebendigen Gott mir immer wieder Mut gemacht hat, durch die vielen Krisen meines und damit auch unseres Lebens zu gehen. *Danke, Thomas, für deine Treue.*

Danke auch an unsere Kinder Christine, Andreas, Daniel, Josua, Marcel, Pascal und Benjamin. Ihr habt viele Geschichten in diesem Buch selbst erlebt und erlaubt, dass ich darüber schreibe. Ich durfte die Welt mit euren Augen sehen und verstehen, wie einzigartig jeder Mensch ist und wie unterschiedlich Menschen mit den gleichen Krisen umgehen.

Ein Extradank an unseren Sohn Andreas, der das Manuskript sehr gründlich überarbeitet hat.

Danke den vielen Menschen, die mir ihre persönliche Geschichte erzählten. Immer wieder habe ich gestaunt, welche Wege Gott mit Menschen geht, die ihm vertrauen.

Den vielen mutigen Menschen, die mich einluden, um über das Thema zu sprechen, sage ich an dieser Stelle Dank. Oft vergessen wir, wie viele Menschen nötig sind, um so ein Frühstückstreffen, einen Vortrag, ein Seminar oder ein Wochenende zu organisieren.

Danken möchte ich auch Ute Mayer, die das Manuskript kompetent lektoriert hat.

Elisabeth von Jagow möchte ich stellvertretend für alle Menschen erwähnen, die mir den Weg zum lebendigen Gott der Bibel zeigten, mir halfen, eine eigene Beziehung zu Gott zu entwickeln und mir vermittelten, dass Krisen Gottes Chancen sind, mir zu begegnen und mich zu verändern.

Vorwort

Krisen, Krisengipfel, Krisenmanagement.

Seitdem wir Nachrichten aus der ganzen Welt empfangen, scheinen Krisen uns permanent zu beschäftigen. Ob der Tsunami in Südostasien oder Wirbelstürme an der Küste Amerikas, Erdbeben in der Türkei oder Flugzeugabstürze in China – wir sind gut informiert über Fernsehen, Radio, Internet und Tageszeitung.

Aber auch persönliche Einzelschicksale – wie Ehekrisen bis zur Scheidung prominenter Sportler, Schauspieler und Politiker, Touristenentführungen, Kinderhandel und -mord – kommen zu uns ins Wohnzimmer, treffen und beschäftigen uns.

Wie können wir mit dieser Flut an Krisen fertig werden? Stumpfen wir mit der Zeit ab? Wie geht es uns dann in der eigenen Familie und im Freundeskreis, wenn schwere Krankheiten auftreten, Kinder plötzlich auf die schiefe Bahn geraten und sich in Drogen verstricken, der Arbeitsplatz wegrationalisiert wird oder die Ehe auseinanderbricht?

Viele beklagen in der heutigen Gesellschaft eine Verarmung an Beziehungen. Immer wieder hört man, dass Nachbarn verstarben und ihr Tod wochenlang unbemerkt blieb. Kinder werden misshandelt, aber keiner benachrichtigt das Jugendamt. Behinderte werden überfallen, aber keiner hilft. Hinzu kommt eine viel niedrigere Frustrationsschwelle unter der mittleren und jüngeren Generation. Viele Ehen werden schon nach einem Jahr geschieden und man vertröstet sich damit, dass es wohl nicht der / die Richtige war.

Wo finden wir Hilfen, mit den verschiedenen Krisen in unserem Leben angemessen umzugehen? Gibt es Menschen, an deren Vorbild wir lernen können? Gibt es Texte, die uns in Trauer, Enttäuschung und Einsamkeit Wegweiser sind?

Das Buch »Meine Krise – Gottes Chance« möchte Sie ein Stück auf dem Weg durch die großen und kleinen Krisen Ihres Lebens begleiten und Ihnen Hoffnung vermitteln, dass nach Tälern und Schluchten auch wieder Höhen und Berggipfel kommen.

Ute Horn

P.S.: Die in diesem Buch zur Illustration meiner Ausführungen erwähnten Erlebnisse sind wirklich passiert. Ich habe jedoch zum Schutz der einzelnen Personen die Namen und Orte geändert.

Einleitung

Vor ca. 10 Jahren hielt ich erstmals zwei Vorträge zum Thema »Meine Krise – Gottes Chance«. In den darauffolgenden Jahren wurde ich immer wieder gebeten, zu diesem Thema auf Tagungen, bei Wochenendseminaren und Frauenfrühstückstreffen zu sprechen. Ob jung oder alt, ob Mann oder Frau – jeden betraf das Thema. Viele Menschen erhofften sich Hilfe und Wegweisung, weil sie selbst gerade durch eine Krise gingen. Oft vertrauten sie mir ihre persönliche Not an: »Ich stehe vor dem Scherbenhaufen meiner Ehe.«; »Woher nehme ich die Kraft, um meinen schwerkranken Vater zu pflegen?« oder: »Ich wurde gerade arbeitslos, wie soll mein Leben nur weiter gehen?« Sie waren dankbar, dass ich ihnen zuhörte und fanden sich in meinen Erlebnisberichten wieder.

Mit 27 Jahren habe ich durch eine Herzmuskelentzündung erlebt, wie schnell alle Pläne, Träume und Wünsche zerbrechen können. Was ist, wenn das Luftschloss meines Lebens einstürzt? Kann ich glauben, dass Gott aus meinen Trümmern ein neues Haus bauen will, das nicht auf Sand, sondern auf Fels gebaut ist? 18 Jahre sollten folgen, in denen ich immer wieder über Wochen bis Monate unter schweren Herzrhythmusstörungen litt.

Eine Zeit, in der ich Gott erleben durfte.
Eine Zeit, in der ich erkennen konnte, dass ich wertvoll bin,
auch wenn ich nichts leiste.
Eine Zeit, in der Gott Tränen in Freude verwandelte.

Im ersten Teil meines Buchs werde ich den Fragen nachgehen: »Wer bin ich?« »Woher ziehe ich meine Identität?« und »Wie kann eine schwere Lebenskrise mein Leben zum Guten wenden?«

Kapitel zwei beschäftigt sich mit Situationen, die zu Krisen führen können und wie unterschiedlich man auf Stressauslöser reagiert.

Im dritten Teil werden wir uns mit unterschiedlichen »Werkzeugen« beschäftigen, die uns in Krisen helfen. Es geht unter anderem ums Danken, Vergeben und verändert-Werden.

Haben Sie schon erfahren, dass Gott Frieden im Sturm schenken kann? Lassen Sie sich ermutigen, Gott und sein Wort ernst zu nehmen. Ich habe dabei Erfahrungen gemacht, von denen ich gerne erzähle und die auch Ihren Alltag verändern werden.

KAPITEL 1: SELBSTANNAHME

Wer bin ich?

Solange das Leben in gewohnten Bahnen verläuft, beschäftigt man sich normalerweise nicht mit der Frage, wer man ist und warum man auf dieser Welt ist.

Aktuell wird die Frage erst, wenn man arbeitslos wird, eine Ehe zerbricht, Kinder Probleme machen oder man schwerkrank wird.

Dann steht auf einmal die Frage überdimensional groß vor meinen Augen:

»Wer bin ich ohne Arbeit, ohne Ehepartner, ohne Gesundheit?«

Kennen Sie das Märchen vom Königssohn, der eine Frau suchte? Diese Geschichte begleitet mich schon lange und hat mir immer wieder zwei Fragen gestellt: »Wer bin ich?« und »Woher nehme ich meine Identität?«

Die Brautsuche des Königssohns

Ein Königssohn ritt durchs ganze Land, um sich eine Braut zu suchen. Jedes Mal, wenn er ein Mädchen traf, stellte er ihr nur eine Frage: »Wer bist du?« Und dann wartete er sehnsüchtig darauf, dass sie die richtige Antwort geben würde.

Des Müllers Tochter
So begegnete er einem schönen Mädchen und fragte sie: »Wer bist du?« Sie sagte: »Ich bin des Müllers Tochter. Mein Vater hat die modernste Mühle weit und breit. Von überall her kommen die Bauern, um ihr Korn mahlen zu lassen.« Nein, die war es nicht.

Die Schönste im Land
Traurig ritt er weiter. Die nächste antwortete auf die Frage: »Wer bist

du?«: »Ich bin die schönste Frau im ganzen Land. Ich habe den letzten Schönheitswettbewerb gewonnen.« Nein, die war es auch nicht.

Die beste Köchin
Er ritt weiter und traf wieder ein Mädchen. Auch sie fragte er: »Wer bist du?« Sie antwortete: »Ich bin die beste Köchin im Land. Keine kann so gute Rebhuhnbraten zubereiten wie ich. Meine Spezialitäten sind Wildgerichte jeder Art.« Nein, die war es auch nicht.

Clara
Als er schon fast aufgeben wollte, sah er ein fröhliches Mädchen. Zum letzten Mal wollte er sein Glück versuchen und fragte: »Wer bist du?« Sie antwortete: »Ich bin Clara.«

Da strahlte der Königssohn und bat sie auf der Stelle, seine Frau zu werden.

Was hätten Sie wohl dem Königssohn geantwortet?
Wir wollen uns das Märchen noch mal unter dem Gesichtspunkt ansehen, worin die Mädchen ihre Identität haben.

Des Müllers Tochter
Das erste Mädchen hat seine Identität in seiner Herkunft. Sie ist des Müllers Tochter und sehr stolz auf die Leistung ihres Vaters. Er ist berühmt und bekannt für hervorragende Arbeit. Alle Bauern der Gegend würden ihren Vater empfehlen. Das Mädchen braucht selbst gar nichts dafür tun, um bei anderen willkommen zu sein, da sich jeder gerne mit des Müllers Tochter trifft.

Die Schönste im Land
Das zweite Mädchen definiert sich über Vererbtes, über ihr Aussehen. Sie ist die Schönste, hat sogar einen Schönheitswettbewerb gewonnen. Auch sie kann eigentlich nichts für ihre Schönheit. Sie hat sie geschenkt bekommen.

Die beste Köchin
Das dritte Mädchen hat ihre Identität in ihrer eigenen Leistung. Sie hat einen guten Beruf gelernt, ist fleißig und weiß, was sie kann. Sie hat besondere Fähigkeiten entwickelt, auf die sie stolz ist.

Clara

Die letzte sagt ganz einfach: »Ich bin Clara.« Ich bin ich. Ich habe schon einen Namen, eine Identität, die mit meiner Persönlichkeit zu tun hat, nicht mit meiner Herkunft, meiner Leistung oder Gaben, die ich geschenkt bekam.

Woher nehme ich meine Identität?

Worüber definieren Sie sich?

- Identität über die Herkunft (Ansehen, Vermögen, Leistung der Eltern)
- Identität über Vererbtes (Aussehen, Intelligenz, andere Begabungen)
- Identität über die eigene Leistung (Berufsausbildung, Fleiß, Fähigkeiten)
- Identität über Aufgebautes (Familie, Kinder, Haus)
- Identität in Gott, in Jesus Christus

Arzttochter – Ärztin – und dann?

Identität über die Herkunft

Der Apfel fällt nicht weit vom Stamm ...
In den ersten 20 Jahren meines Lebens habe ich mich sehr stark über meine Eltern definiert. Besonders begünstigt wurde diese Entwicklung dadurch, dass ich meiner Mutter sehr ähnlich sah. Schon von weitem erkannte man mich und fragte oft: »Bist du nicht die Tochter von ...?«

Am offensichtlichsten wurde es während eines Praktikums im Krankenhaus. Ich arbeitete auf einer chirurgischen Station und begleitete die Patienten oft von ihrem Zimmer bis in den Operationssaal. Meine Mutter war niedergelassene Hausärztin. Eines Tages kam sie aus der Praxis und erzählte beim Mittagessen folgende Begebenheit: »Heute war Frau Müller bei mir und bedankte sich, dass ich bei ihrer Operation dabeigewesen sei. Als ich sagte, dass da ein Irrtum vorliegen müsste, da ich an besagtem Tag in der Praxis gewesen sei, meinte Frau Müller: ›Frau Doktor, ich bin mir ganz sicher. Ich habe in Ihre Augen geschaut und da wusste ich, dass alles gut wird.‹« Plötzlich kam meiner Mutter die Lösung. Frau Müller hatte nicht in die Augen meiner Mutter geschaut, sondern in meine.

Lange Jahre hat mich diese Ähnlichkeit mit meiner Mutter glauben lassen, dass ich genauso bin wie sie und es fiel mir schwer, eine eigene Persönlichkeit zu werden. Letztendlich habe ich es wohl erst bei ihrem Tod begriffen. Dann habe ich darüber nachgedacht, in welchen Punkten ich auch meinem Vater ähnlich bin und wo ich ganz anders als die beiden bin.

Was wurde über Sie gesagt? Welche Etiketten tragen Sie noch mit sich herum? Haben Sie die Aussagen blind übernommen oder haben Sie sich einmal gefragt, ob das überhaupt stimmt, was die Leute in Ihnen sehen oder auch sehen wollen? Sätze, die wir oft in unserem Leben hören, graben sich tief in uns ein und können unsere Entwicklung zu einer eigenständigen Persönlichkeit behindern.

Als unser Sohn geboren wurde, schauten viele in den Kinderwagen und sagten: »Das ist ja Thomas' Gesicht, ganz der Vater.« Unsere zweijährige Tochter wurde dann immer wütend und erwiderte: »Nein, das ist nicht Papas Gesicht, das ist Andreas' Gesicht.«

Sobald ein Kind auf die Welt kommt, wird es mit Vater, Mutter, Oma, Opa, Tante und Onkel verglichen. Jeder sucht die Ähnlichkeit und manchmal vergessen wir, dass jeder Mensch als Original auf die Welt kommt und eine einzigartige Neuschöpfung ist.

Ist es nicht unglaublich, dass es nicht zwei Menschen mit dem gleichen Fingerabdruck gibt?

Pubertät – Zeit des Sortierens

Bis zur Pubertät ist es ganz natürlich, sich über die Eltern zu definieren. Aber dann kommt eine Phase, in der ich mich verschiedenen Fragen stellen muss.

- Welche Normen und Werte übernehme ich aus dem Elternhaus?
- In welchen Punkten bin ich anders als meine Eltern und Geschwister?
- Wer bin ich denn eigentlich?

Nach dieser turbulenten und diskussionsreichen Zeit der Auseinandersetzung mit sich, den Erwachsenen allgemein und dem Elternhaus, bildet sich eine reife Persönlichkeit heraus, die eigenständig leben kann. Überraschend ist dabei auch, dass oft Verhaltensregeln wieder übernommen werden, gegen die man sich früher gewehrt hat.

In der Pubertät stecken geblieben?

Manche Menschen haben diese notwendige Auseinandersetzung mit Autoritätspersonen aus Angst, Angepasstheit oder Trägheit nicht gewagt und sind bildlich gesprochen in Teilbereichen in der Pubertät stecken geblieben. Geht es Ihnen vielleicht auch so? Spüren Sie einen Mangel in Teilen Ihrer Persönlichkeit? Es ist noch nicht zu spät. Sie können einzelne Phasen der Pubertät nachholen. Es gehört zum Reifwerden unbedingt dazu, dass wir unser Elternhaus räumlich und innerlich wenigstens für eine gewisse Zeit verlassen. In vielen Ehen kommt es zu Konflikten, weil einer der beiden diese Loslösung vom Elternhaus noch nicht vollzogen hat. Die Bindung an Mutter oder Vater ist stärker als zum Ehepartner. Teilweise wird jeden Tag mit den Eltern telefoniert und wichtige, aber auch weniger wichtige Entscheidungen werden zusätzlich oder sogar zuerst immer noch mit den Eltern abgeklärt.

Sind Sie noch an einen Elternteil gebunden? Fühlt sich Ihr Ehepartner beraubt? Lösen Sie sich von Ihren Eltern, um Ihrer selbst willen. Sie gewinnen dadurch Selbstachtung.

Einige Prüffragen können helfen zu zeigen, wie frei man ist.

- Wie verhalte ich mich, wenn ich etwas tue, was meine Eltern nicht unterstützen würden?
- Verheimliche ich es oder kann ich ruhig meinen Standpunkt erklären und dabei bleiben, auch wenn ich massiven Gegenwind bekomme?
- Tue ich Dinge nur, um meinen Eltern zu gefallen?

Subjektive und objektive Sicht des Elternhauses

Martina und Philip kommen von der Geburtstagfeier von Martinas Mutter zurück. Schon im Auto bemerkt Michael: »Hast du mitbekommen, wie deine Mutter deinen Vater herumkommandiert hat? Das würde ich mir von dir nicht gefallen lassen.« Martina fühlt sich angegriffen und kontert: »Bei euch ist das doch auch nicht besser. Dein Vater schreit bei der kleinsten Kleinigkeit durchs Haus.« »Wie kommst du denn jetzt auf meinen Vater?«, fragt Philip. Doch Martina ist so verletzt, dass sie am liebsten aus dem Auto steigen würde.

Die allermeisten Menschen können Kritik am eigenen Elternhaus nur sehr schlecht ertragen und statt zu hören, was der andere sagt, gehen sie sofort in die Verteidigung oder besser noch in den Angriff über. Angriff ist ja bekanntlich die beste Verteidigung.

So auch Martina. Selbst wenn es ihr selbst auch schon aufgefallen war, dass der Ton ihrer Mutter sehr bestimmend und dominant war, fällt es ihr schwer, wenn Philip das Fehlverhalten so auf den Punkt bringt. Sie kann nicht rein sachlich darüber diskutieren. Es sind ihre Eltern und außerdem ist sie so erzogen, das man das eigene Nest nicht beschmutzt, was bedeuten soll, nichts Negatives über sein Elternhaus zu sagen. So kann sich Martina nicht objektiv mit ihrem Elternhaus auseinandersetzen.

Der Schwiegereltern- oder Elternkonflikt verliert sofort seine Schärfe und Eigendynamik, wenn ich bereit bin, ehrlich, sozusagen als Außenstehender, die Stärken und Schwächen meiner Eltern und meiner Herkunftsfamilie anzuschauen.

Wenn Martina das erste Mal in einer Auseinandersetzung zugeben würde: »Da hast du Recht: Meine Mutter ist eine dominante Frau. Sie hat meinen Vater herumkommandiert. Sie fällt ihm fast immer ins Wort und lässt ihn nicht ausreden.« Oder auch umgekehrt, wenn Philip seinerseits zugibt: »Mein Vater ist wirklich unangemessen laut geworden. Er ist oft jähzornig«, dann entspannt sich der Konflikt. Auf einmal sitzen die Ehepartner im gleichen Boot, fühlen sich ernst genommen und verstehen die Prägung des anderen. Gemeinsam können sie dann überlegen, wie sie Konflikte in ihrer eigenen Familie in Zukunft lösen wollen.

Original statt Kopie

Persönlich bin ich froh, dass wir nicht ein Leben lang in den Fußspuren unserer Eltern gehen müssen, sondern eigene Fußspuren auf dieser Erde hinterlassen dürfen.

Ich habe mit den Jahren gelernt zu differenzieren und würde es jetzt so formulieren: »Äußerlich sehe ich meiner Mutter ähnlich, aber innerlich empfinde und reagiere ich in vielen Punkten eher wie mein Vater. Aber, ich bin ich. Ich bin nicht identisch mit ihnen, auch wenn ich viele Ähnlichkeiten entdecke. Ich bin eine einzigartige Gabenkombination. Viele ihrer Handlungen und Haltungen finde ich gut und integriere sie in mein Leben und in einigen Dingen verhalte ich mich ganz anders und das ist für mich auch gut so.«

Identität über eigene Leistung

Der steinige Schulweg

Zunehmend bestimmte mein Berufswunsch mein Leben. Ich wollte auch Medizin studieren. Doch dazu musste ich mir einen sehr guten Abiturnotendurchschnitt erarbeiten, um an der Universität angenommen zu werden. Leider fielen mir die guten Noten nicht in den Schoß, sodass ich sehr viel von meiner Freizeit und damit auch von meiner Kindheit opferte, um mein Ziel zu erreichen und auch einmal Ärztin werden zu können. Mit viel Arbeit machte ich meine Reifeprüfung.

In mir setzte sich der Satz fest: »Ich bin dumm, aber fleißig.« Ich kann mich nicht erinnern, dass jemand diesen Satz über mir aussprach. Aber im Vergleich mit anderen hatte ich den Eindruck, dass die Mitschüler nicht so viel tun mussten, um gute Noten zu bekommen. So schien ich wohl dumm zu sein. Als ich in Klasse 6 auch noch zwei »blaue Briefe« bekam, fühlte ich mich in meinem Urteil bestätigt. Erst mit 40 Jahren habe ich mich von diesem Satz verabschiedet.

Welche Beurteilungen aus der Schulzeit laufen Ihnen noch nach?

Ein Studium mit Umwegen

Leider reichte mein Abiturnotendurchschnitt nicht, um an einer deutschen Universität zu studieren. So ging ich nach Lüttich in Belgien, studierte Medizin auf französisch und wechselte dann nach dem bestandenen ersten Studienjahr nach Deutschland.

Endlich Ärztin

Nach der Approbation und der Doktorprüfung begann ich meine Ausbildung zur Hautärztin. Ich war sehr gerne Ärztin und überglücklich, endlich mein Berufsziel erreicht zu haben. Noch vier Jahre würde die Ausbildung dauern. Danach würde ich mich zusammen mit meinem Mann in einer Gemeinschaftspraxis niederlassen. Doch es sollte ganz anders kommen ...

Krank – und jetzt?

Im ersten Berufsjahr bekam ich mit 27 Jahren eine Grippe mit Fieber, Schnupfen und Husten. Aus falschem Pflichtgefühl legte ich mich nicht ins Bett, sondern ging arbeiten. Ich wollte meine Patienten nicht unversorgt lassen. Nachdem die Symptome abgeklungen waren, schien alles überstanden. Aber schleichend entwickelte sich eine Leistungsschwäche. Bei der wöchentlichen Skigymnastik traten Herzrhythmusstörungen auf, die unter Belastung zunahmen, was immer ein Alarmzeichen ist. Drei Monate nach der Grippe ließ ich ein EKG machen, wodurch die Diagnose einer Herzmuskelentzündung gestellt und ich sofort auf die Intensivstation eingewiesen wurde. Ich musste vier Wochen im Krankenhaus bleiben, hielt strenge Bettruhe und nahm Medikamente gegen die Herzrhythmusstörungen. Anschließend war ich noch für weitere acht Wochen krank geschrieben und konnte mich zu Hause schonen.

Immer wieder grübelte ich: »Was würde geschehen, wenn ich nie wieder als Ärztin arbeiten oder vielleicht keine Kinder bekommen könnte?« Ich fiel in ein Loch und fragte nach dem Sinn des Lebens, verbunden mit der Frage: »Wer bin ich? Was macht mich ohne meinen Beruf aus?«

Leistung auf dem Thron

Ich merkte, dass meine Identität in meiner Leistungsfähigkeit lag. Egal, wo ich war, ob im Krankenhaus, bei Freunden oder in der Sportgruppe – ich definierte mich über das, was ich tat. Die Leistung stand im Mittelpunkt meines Lebens und ich ordnete ihr alles unter. »Du kannst alles, was du willst« war ein sehr prägender Satz meiner Kindheit.

Doch was passiert mit uns, wenn diese Sätze nicht mehr wahr sind, wenn wir an Grenzen stoßen? Ich wollte arbeiten, aber ich konnte nicht. Ich war zu schwach. Nach drei Monaten wurde ich zuerst ganz langsam wieder an Leistung herangeführt. Ich arbeitete einige Stunden, machte keine Nachtdienste und dachte, ich schaffe es nie mehr, so leistungsfähig zu werden wie vor der Erkrankung.

> Wer sind Sie ohne Ihren Beruf, ohne Anerkennung für Ihre ehrenamtlichen Tätigkeiten, wenn Sie krank sind?

Identität in Jesus Christus

Gebet bis zur Decke?

Ich bin froh, dass alles, was mir im Leben begegnet, immer zwei Seiten hat. Auf der einen Seite war die Krankheit eine sehr schmerzhafte Erfahrung, die auch unsere junge Ehe in eine tiefe Krise stürzte. Auf der anderen Seite bewirkte diese Krise, dass ich mich intensiv mit der Frage auseinandersetzte, ob es Gott geben würde.

Auf der Intensivstation schrie ich in Gedanken: »Gott, wenn es dich wirklich gibt, dann lass meine Gebete nicht an der Decke kleben bleiben. Begegne mir in meinem Herzen. Ich möchte Gewissheit haben, dass du lebst und erfahrbar bist.«

Menschen erzählen von Gott

In den nächsten Wochen sprach ich mit Menschen, die Gott besser zu kennen schienen als ich. Meine Tante erzählte mir von einer Frau in meinem Wohnort, die eine Hauskreisarbeit leitete. So rief ich sie eines Tages an und bat um ein Gespräch. Sie erzählte mir von ihrem Leben mit Gott, von Vergebung und Wegweisung und weckte in mir eine Sehnsucht, diesen Gott näher kennen zu lernen.

Ein Leben unter Gottes Führung

Wir trafen uns regelmäßig. Immer wieder staunte ich über ihre Fröhlichkeit. Bei einer Tasse heißem Kakao mit frisch geschlagener Sahne beantwortete sie mir meine Fragen, las mir aus der Bibel vor und lehrte mich, mein Leben Schritt für Schritt unter die Führung Gottes zu stellen. Eines Tages betete ich: »Jesus Christus, ich will dir mein Leben anvertrauen. Übernimm du die Regie.« Erst im Verlauf des weiteren Lebens wurde mir klar, dass dieses Gebet nur der Anfang und nicht das Ziel war. Nun begann ein Weg, der mich in regelmäßigen Abständen mit der Frage konfrontierte: »Ute, wer bist du und woher beziehst du deinen Wert?«

Jahrelang herzkrank

Nach der akuten Herzmuskelentzündung wurde ich ein Jahr lang ärztlich behandelt. Danach hatte sich mein Herz soweit erholt, dass die Medikamente abgesetzt werden konnten. Ich schien gesund genug zu sein, ein Kind auszutragen. Doch im fünften Schwangerschaftsmonat traten erneut Herzrhythmusstörungen auf, die auf dem EKG genauso aussahen wie die früheren. Die Ärzte glaubten, dass das Herz die Mehrbelastung durch den kindlichen Kreislauf nicht verkraftet hätte. Ich musste mich schonen und wir hatten große Sorge, wie ich die Entbindung durchstehen würde. Doch es ging alles gut und die Rhythmusstörungen hörten nach der Geburt unserer Tochter wieder auf. Nach einem Belastungs-EKG glaubten auch die Herzspezialisten, dass ich nun endgültig geheilt sei.

Doch die Herzrhythmusstörungen schienen nur zu schlafen. Immer wieder wachten sie auf, mal nach einer besonderen Anstrengung, mal nach einer Grippe, mal aus heiterem Himmel. Oft wurden unsere Pläne durchkreuzt, weil ich mich wieder schonen musste. Dann stolperte das Herz wieder, schlug unregelmäßig und setzte aus. Wenn ich mich hinlegte, hörte ich den Puls ganz laut im Kopf schlagen, und wenn ich Treppen stieg, musste ich mittendrin stehen bleiben, weil ich keine Luft bekam. Diese Phasen hatten eine Dauer von vier Wochen bis zu acht Monaten. Dazwischen ging es mir wieder für ein paar Wochen gut.

Im Ganzen war ich über einen Zeitraum von 18 Jahren herzkrank, immer wieder zu schwach zum Arbeiten und um meine Kinder zu versorgen. In der Zeit der Rhythmusstörungen musste ich mich schonen, viel liegen und es war besonders für meinen Mann nicht leicht, mit mir umzugehen, wenn ich wieder einmal krank war. Ich zog mich in mein Schneckenhaus zurück und wollte die Frage »Wie geht es dir?« am liebsten nicht beantworten. Es fiel mir auch sehr schwer, ihn um Hilfe oder einen Liebesdienst zu bitten.

Zwei sich gegenseitig abstoßende Magnete

Immer wieder beteten wir um Heilung, aber Gott hatte zunächst andere Pläne. Er wollte, dass ich meinen Wert nicht aus meiner Leistung ziehen sollte.

Eingeleitet wurde die größte Veränderung meines Lebens durch folgende Frage auf einem Eheseminar: »In welchen Bereichen eurer Ehe könnt ihr nicht gut miteinander reden?« Wir schrieben beide auf: »... wenn Ute krank ist.«

In den kommenden Wochen wollten wir dem Problem auf den Grund gehen. Warum war es so schwierig, sobald ich krank war? Schlagartig wurde mir bewusst, dass ich mich in den Zeiten hasste, wenn ich wieder ans Bett gebunden war. Ich wollte nicht krank sein. Ich klagte im Gebet: »Jesus, ich kann mich in meiner Krankheit nicht annehmen. Mach mich doch gesund.«

Wenn man sich selbst ablehnt, ist man wie ein abstoßender Magnet. Aber auch meinem Mann fiel es schwer, mich in der Krankheit anzunehmen. So waren wir wie zwei sich gegenseitig abstoßende Magnete.

Der Durchbruch

Ich kann mich noch genau an den Moment erinnern, als ich folgende Gedanken in mir hörte: »Ich liebe dich, auch wenn du nie etwas für mich tun kannst. Sag du auch ja zu dir und fange an dich zu lieben, unabhängig davon, ob du etwas leisten kannst.«

Ein langer Kampf tobte in mir bis ich unter Tränen sagte: **»Jesus, ich sage heute ›Ja‹ zu mir, auch wenn ich ein Leben lang herzkrank bleibe und nichts für dich tun kann. Weil du mich liebst, will ich mich auch lieben.«**

Ich glaube, dass das der größte Sieg in meinem Leben war. Von dem Augenblick an begegnete ich meinem Mann in einer neuen Freiheit. Ich konnte ihn um Hilfe bitten, reagierte nicht mehr abweisend, wenn er mich fragte, wie es mir gehen würde. Wir sprachen über meine Veränderung. Er bat mich auch um Vergebung für seine Ablehnung und wir erlebten eine neue Tiefe in unserer Beziehung. Endlich hatte ich eine von Herkunft, Umständen und Fähigkeiten unabhängige Identität gefunden.

Ich wurde nicht gleichzeitig auch körperlich gesund. Das sollte noch mehrere Jahre dauern, bis eine Methode entwickelt wurde, bei der man die Stelle im Herzen aufsucht, die diese Rhythmusstörungen hervorruft und sie dann verödet (Elektrokoagulation). In diesen Jahren bis zur Heilung konnte ich ganz »Ja« zu mir sagen und immer mehr in meine neu gewonnene Identität hineinwachsen. Doch was steckt eigentlich hinter dem Begriff »Identität«?

Definition von Identität

Identität kommt aus dem Lateinischen und bedeutet laut Duden die vollkommene Gleichheit zweier Dinge oder Personen. Zwei vollkommen gleich aussehende Tassen sind identisch.

> Wenn wir unsere Identität in Jesus Christus haben, sind wir dem Wesen nach wie er. Ist Jesus Christus Ihr Vorbild, dem Sie gleich werden möchten?

Sein ist wichtiger als tun
Ich war sehr erstaunt, als ich in der Bibel las, dass auch Gott sich nicht über das definiert, was er tut, sondern über das, was er ist.

Wissen Sie, wie Gott auf die Frage: »Wer bist du großer, unfassbarer Gott?« antworten würde? Ganz einfach: »Ich bin, der ich bin.« Nachzulesen in *2. Mose 3,13-14: Mose sprach zu Gott: Siehe wenn ich zu den Israeliten komme und spreche zu ihnen: Der Gott eurer Väter hat mich zu euch gesandt!, und sie mir sagen werden: Wie ist sein Name?, was soll ich ihnen sagen? Gott sprach zu Mose: Ich werde sein, der ich sein werde. (Oder: Ich bin, der ich bin.).*

Kann der Mensch Gott gleich sein?
Es gibt mehrere Bibelstellen, die uns zeigen, dass Gott uns in sein Ebenbild geschaffen hat und dass er möchte, dass wir ihm gleich sind.

1. Mose 1,26-27: Und Gott sprach: ***Lasset uns Menschen machen, ein Bild, das uns gleich sei ...*** *Und Gott schuf den Menschen zu seinem Bilde, zum Bilde Gottes schuf er ihn; und schuf sie als Mann und Frau.*

Römer 8,28-29: Wir wissen aber, dass denen, die Gott lieben, alle Dinge zum Besten dienen, denen, die nach seinem Ratschluss berufen sind. Denn die er ausersehen hat, ***die hat er auch vorherbestimmt, dass sie gleich sein sollten*** *dem Bild seines Sohnes, damit dieser der Erstgeborene sei unter vielen Brüdern.*

1. Johannes 3,1-2: Seht, welche Liebe hat uns der Vater erwiesen, dass wir Gottes Kinder heißen sollen – und wir sind es auch! Darum kennt uns die Welt nicht; denn sie kennt ihn nicht. Meine Lieben, wir sind schon Gottes Kinder; es ist aber noch nicht offenbar geworden, was wir sein werden. ***Wir wissen aber: wenn es offenbar wird, werden wir ihm gleich sein****; denn wir werden ihn sehen, wie er ist.*

Ich bin immer wieder über Gottes Absicht erstaunt, mich ihm gleich zu machen. Leben Sie auf dieses Ziel zu?

> Glauben Sie, dass Sie einen Wert haben, auch wenn Sie nichts tun, sondern nur existieren? Erarbeiten Sie sich Ihren Wert immer noch selbst oder ziehen Sie ihn daraus, dass Sie Gottes Geschöpf sind?

Jeder Mensch ist wertvoll
Ohne Leistung wertvoll zu sein, das leuchtet uns in unserer Gesellschaft so schwer ein, weil alles nur auf immer größere Leistung abzielt.

Diese Gewissheit vertiefte sich in mir auch durch folgende Begebenheit:

Eines Tages klingelt es an unserer Tür. Ich öffne und blicke in die fragenden Augen eines unangenehm riechenden Mannes: »Gute Frau, geben Sie mir einen Euro?« Noch bevor ich denken kann, höre ich mich sagen: »Nein, ich gebe Ihnen keinen Euro, aber ich lade Sie gerne zum Essen ein, wenn Sie Hunger haben. Es gibt Blumenkohl, Kartoffeln und Spiegelei.« Er schaut ungläubig: »Meinen Sie das ehrlich? Ich habe mich schon länger nicht gewaschen.« »Ja, kommen Sie rein.« Ich rufe die Kinder zum Essen. Unsere Tochter steckt den Kopf zur Tür herein, entdeckt den Gast und meint: »Mama, ich habe heute keinen Hunger. Ich geh auf mein Zimmer.« Schon ist sie verschwunden. Unser Sohn stürmt in die Küche und fragt: »Mama, wer ist denn das?« Ich zucke mit den Achseln. Er scheint keine Berührungsängste zu haben und spricht den Fremden mutig an: »Wie heißt du?« »Ich heiße Manfred«, freut sich der Mann über unseren Sohn. »Hast du Kinder?« Die Neugier scheint noch nicht gestillt. »Weiß ich nicht«, antwortet Manfred. Unser Sohn schaut, als ob er nicht richtig gehört hätte und sagt: »Das versteh ich nicht. Wieso weißt du das nicht?« »Ja, Junge ich bin zur See gefahren. Ich habe keine eigene Familie und da weiß man nicht, ob man Kinder hat.« Ich rette die etwas schwierige Situation, in dem ich ein Gebet vorschlage. Manfred faltet die Hände und sagt: »Das ist gut. Ich bete auch immer.« Manfred ist wirklich für Überraschungen gut.

Nach dem Essen blickt Manfred meinem Sohn tief in die Augen und sagt: »Junge, du hast wirklich eine gute Mama. Es gibt nicht viele, die mich an ihren Tisch einladen.«

Kurz darauf wendet er sich zum Gehen. Noch lange schaue ich ihm hinterher und denke: »Er ist in den Augen von Jesus genauso wertvoll wie ich. Wer weiß, was aus mir geworden wäre, wenn ich nicht in einer Familie voller Geborgenheit aufgewachsen wäre? Ich habe kein Recht, ihn zu verachten.«

> An diesem Nachmittag beschließe ich: »Ich will jeden Menschen achten, weil er Mensch ist, egal wie er aussieht und was er getan hat.«

Manfred kam nie wieder. Ich bin sehr dankbar für diese einmalige Begegnung, die mich so viel lehrte, und denke gerne und oft daran zurück.

Eine Frage beschäftigt mich noch: »Ob mich Jesus vielleicht in Gestalt von Manfred besucht hat?«

Eine neue Definition von gut

Ein anderes Mal redete Gott durch unsere Tochter zu meinem Herzen:

Ich sitze an meiner Nähmaschine. Die Tränen laufen mir über die Wange, da ich mein willensstarkes Kind gerade wieder angeschrieen habe. ›Sie ist doch erst 2 ½ Jahre alt. Warum kann ich nicht gelassener reagieren?‹, hänge ich meinen Gedanken nach.

Kurze Zeit später kommt sie ins Zimmer, zieht mich an der Hose und sagt: »Du bist eine gute Mama.« Ungläubig schaue ich sie an und frage: »Wie meinst du das?« Daraufhin strahlt sie mich an: » ...weil du Jesus lieb hast.«

Dieser Satz traf mich ganz tief ins Herz, denn mir war schon länger klar geworden, dass es die perfekte Mutter nicht gibt, auch wenn ich das sehr schade finde.

Mutter- und Vaterrolle realistisch sehen ...

- Egal, wie sehr Sie sich als Mutter oder Vater anstrengen,
- Egal, wie viele Bücher Sie über Kindererziehung lesen,
- Egal, wie geduldig Sie sind,

... Sie werden in der Kindererziehung Fehler machen, Ihr Kind verletzen und in den Augen Ihres Kindes ungerecht sein.

Verletzungen geschehen oft unabsichtlich ...

Meistens geschehen die Verletzungen, die sich Eltern und Kinder gegenseitig zufügen, nicht absichtlich. Man sagt ein unüberlegtes Wort, lacht über eine ulkige Situation oder stellt das Kind, ohne es zu wollen, vor anderen bloß, und schon ist die Kinderseele traurig und verletzt. Aus für uns nichtigen Anlässen fühlen sich Kinder oft unverstanden und nicht ernst genommen. Die Situationen werden zusätzlich schwieriger, wenn uns dann die Worte und manchmal auch die Zeit fehlen, unser Verhalten zu erklären. Oft werden Streit und Rebellion auch dadurch ausgelöst, dass wir als Eltern Verbote aussprechen, um unsere Kinder zu schützen. Umgekehrt können Kinder, besonders Teenagerkinder, Eltern auch tief verletzen.

Kinder nicht zum Zorn reizen ...

In *Epheser 6,4* steht eine Warnung an uns Eltern: *... reizt eure Kinder nicht zum Zorn.* Kennen Sie Situationen, in denen Sie Kinder schon mal zum Zorn gereizt haben? Sie wissen, dass Ihre Tochter es hasst, wenn sie vor Gästen ermahnt wird, am Tisch gerade zu sitzen – und immer wieder entweicht Ihnen das »Wort zum Sonntag«. Wie reagieren Sie, wenn Sie Ihrem Sohn die Zinsrechnung erklären? Haben Sie Verständnis, wenn er es nicht versteht? Können Sie ihm liebevoll helfen? Oder fühlt er sich hinterher wütend und eher als Versager? Oft sind wir mit dafür verantwortlich, wenn Streit eskaliert, wenn nach Gesprächen Tränen fließen oder unsere Kinder zornig werden.

Haben Sie erlebt, dass sich Ihre Eltern bei Ihnen entschuldigt haben? Können Sie Ihre Kinder um Vergebung bitten?

Wie gut, wenn wir mit unserem Versagen zu Jesus gehen können. Ich bitte ihn immer wieder, die Verletzungen unserer Kinder zu heilen und um Kraft, sie um Vergebung bitten zu können. Manchmal bete ich auch um neue Liebe für meine Kinder.

Das alles beinhaltete wohl der Satz: »Du bist eine gute Mutter, weil du Jesus lieb hast.«

Von Gott geliebt und befähigt ...

Die Beziehung zu Gott ist ein gutes Fundament, um in Beziehungen mit anderen Menschen leben zu können. Wenn ich Gott von ganzem Herzen liebe, mir von ihm Wertschätzung, Kraft und Liebe geben lasse, dann fällt es mir nicht schwer, Liebe weiterzugeben. Und das Gute ist, dass ich immer nur so viel zu geben brauche, wie ich selbst habe. Deshalb lesen wir in der Bibel: »Liebe deinen Nächsten wie dich selbst.« Wenn Sie keine Liebe mehr für ihren Ehepartner oder Ihre Kinder haben, bitten Sie Gott darum: »Vater, ich verstehe meinen Mann nicht, meine Liebe scheint zu verlöschen, aber du hast unendlich viel Liebe. Ich kapituliere. Meine Liebesfähigkeit reicht nicht aus. Bitte schenk mir neue Liebe für ihn.« Oder: »Vater, ich bekenne vor dir: Ich kann dieses Kind nicht erziehen. Gib mir Weisheit und Liebe für den Neuanfang.« Ich habe solche Gebete schon oft gesprochen und durfte Gottes Treue erleben. Er hat es bis heute immer wieder getan.

Liebe dich selbst

Vielleicht denkt der eine oder andere, dass sich Selbstannahme und christliche Lehre widersprechen, da wir für Gott doch alles aufgeben sollen. Meines Erachtens werden wir erst fähig, uns loszulassen, wenn wir uns vorher gefunden und angenommen haben. Wie kann ich mich verschenken, wenn ich mich gar nicht für wertvoll halte?

Im Matthäusevangelium werden wir mit dem Satz: »Liebe deinen Nächsten wie dich selbst!« aufgefordert, uns zu lieben.

Matthäus 22,37-39: »Du sollst den Herrn, deinen Gott lieben von ganzem Herzen, von ganzer Seele und von ganzem Gemüt«. Dies ist das höchste und größte Gebot. Das andere aber ist dem gleich: »Du sollst deinen Nächsten lieben wie dich selbst.«

Da steht nicht: »Liebe deinen Nächsten statt deiner selbst«, wie es oft verstanden und gelebt wird.

Aber woran merke ich denn, dass ich mich wirklich selbst liebe?

Ich würde es so formulieren:

Ich liebe mich,

- wenn ich zu mir Ja sage und mich in meinen Stärken und Schwächen annehme.
- wenn ich mich ernst nehme. Nicht alle anderen sind wichtiger als ich, sondern ich bin genauso wichtig wie die anderen.
- wenn ich Grenzen setzen kann: Ich habe ein Recht auszuspannen, ich muss nicht immer springen, ich muss nicht für alles die Verantwortung übernehmen.

Stärken und Schwächen annehmen

Wie gut kennen Sie sich? Können Sie auf Anhieb drei Stärken und zwei Schwächen von sich aufzählen? Oder gehören Sie zu den Menschen, die morgens in den Spiegel schauen und sagen: »Ich kenne dich zwar nicht, aber ich wasch dich trotzdem«?

Wie schön, wenn Sie beim Anblick Ihres Spiegelbilds sagen können: »Gott, du hast wirklich einen bemerkenswerten Menschen mit vielen Gaben in mir geschaffen. Ich will diesen Menschen achten und lieben. Ich will ein guter Haushalter seiner Seele, seines Körpers und seines Geistes sein. Ich will ihm helfen, seine Stärken zu entfalten und an seinen Schwächen zu arbeiten.«

Vielleicht müssen Sie dann auch zugestehen: »Vergib mir, dass ich diesen geliebten Menschen – nämlich mich – so oft vernachlässige. Du musst darüber sehr traurig sein. In *Sprüche 4,23* steht: *›Behüte dein Herz mit allem Fleiß.‹* Oft habe ich mein Herz nicht behütet, ich habe viele deiner Gebote nicht gehalten, aber ich komme nach Hause und will in deiner Gegenwart heil werden. Ich will mich ernst nehmen und kennen lernen.«

Anderen eine Chance geben

Unsere Stärken wie Hilfsbereitschaft, Arbeitseinsatz, schnelles Arbeiten bewirken manchmal in einer Gemeinschaft, dass andere ihre Gaben nicht entfalten können. Es ist wichtig, immer auch den anderen im Auge zu haben. Wie hilfreich ist es, ab und zu den Spiegel von Mitmenschen vorgehalten zu bekommen.

Nach einer christlichen Tagung rief eine Mitarbeiterin Claudia an und beklagte sich bei ihr: »Das war für mich sehr schwierig, mit Ihnen zusammen in einem Team zu sein. Immer wenn der Leiter fragte, wer die Arbeit übernehmen wollte, haben Sie sich gemeldet. Bevor ich richtig verstanden hatte, worum es ging und mich gefragt habe, ob ich mir das zutraute, hatten Sie sich die Aufgabe schon unter den Nagel gerissen. So hatten sie am Ende vier Tätigkeiten zu erledigen und ich keine.

Auch im Hauskreis heben Sie immer als erste die Hand, wenn etwas zu tun ist. Haben Sie schon einmal darüber nachgedacht, dass andere auch Fähigkeiten haben?« Das saß tief und hat Claudia wachgerüttelt.

Können Sie mit Kritik gut umgehen?

Ohne Ermahnung und Korrektur kann unser Handeln leicht Schieflage bekommen. Deshalb sollten wir Freunde ermutigen, uns immer wieder einmal zu sagen, wie wir wirken und wie man unser Handeln auch verstehen könnte.

Vorbereitete Werke tun

Wichtig scheint mir, nicht überall und in allem aktiv zu sein, sondern vorbereitete Werke zu tun. Wenn wir uns Jesus als Vorbild anschauen, fällt auf, dass er nur drei Jahre lang gepredigt, Kranke geheilt und Jünger gelehrt hat. Und trotzdem hat er am Kreuz gesagt: »Das Werk ist vollbracht.« Obwohl noch so viele nichts von Gott als Vater wussten und nicht geheilt waren.

Wir sind nicht dazu berufen, uns um jeden Kranken zu kümmern, jeder Not zu begegnen und alle Arbeit zu erledigen. Aber Gott ruft uns, das zu tun, wozu er uns auserwählt hat.

Epheser 2,10: Denn wir sind sein Werk, geschaffen in Christus Jesus zu guten Werken, die Gott zuvor bereitet hat, dass wir darin wandeln sollen.

Sich ernst nehmen

Wo überfordern Sie sich? Es wird ein Kuchen für den Kindergarten, die Schule oder Gemeinde gebraucht und schon geht Ihre Hand hoch? Fleißige Helfer zum Streichen oder Stühle schleppen? Sie sind dabei. Vielleicht merken Sie gar nicht, wie Sie dabei immer mehr ausbrennen und im Eifer übersehen, dass andere Ihre Arbeit auch tun könnten.

Es ist eine Gratwanderung.

- Manche Menschen sind ständig beschäftigt und müssten entschleunigen oder mal gebremst werden.

- Andere wiederum bräuchten eine Ermutigung, ihre Gaben zu entfalten und bestimmte Aufgaben zu übernehmen. Sie sind voller Ängste und bevor sie etwas Falsches tun, machen sie lieber gar nichts. Sie leben in einer Fehlervermeidungshaltung.
- Die dritte Menschengruppe ist schlicht und ergreifend faul. Sie haben sich daran gewöhnt, dass es immer Menschen gibt, die die Arbeit tun. Warum aufstehen, wenn man auch liegen bleiben könnte? Warum beim Umzug helfen, auf fremder Leute Kinder aufpassen oder einen ehrenamtlichen Dienst übernehmen, wenn man statt dessen auch schwimmen gehen könnte?

> Zu welcher Sorte Mensch gehören Sie? Zu den eher Bequemen, den Ängstlichen oder den Überaktiven?

Grenzen setzen – Erholung suchen

Für mich ist Selbstliebe die Voraussetzung dafür, dass ich mich zum einen nicht selbst ständig unter Druck setze und zum anderen nicht bitter werde, weil ich mich so oft ausgenutzt fühle.

Manchmal muss ich mir selbst sagen:

- »Ich darf müde sein und ›Nein‹ sagen, wenn es über meine Kräfte geht.«
- »Ich darf eine Verabredung mit dem Liegestuhl haben und ein Buch lesen, um zu entspannen.«
- »Ich darf in Urlaub fahren, auch wenn dann die Arbeit liegen bleibt.«

Ein praktischer Arzt hatte ein Schild an seiner Tür: »Bitte haben Sie Verständnis, dass ich um 18.00 Uhr meine Praxis schließe. Wenn ich es nicht mache, bin ich morgen auch Patient und dann haben Sie keinen Arzt mehr.«

Auch Jesus hat immer wieder Zeiten der Erholung, der Besinnung und auch des Feierns gehabt. Er hat sich auf den Berg zurückgezogen, in den Garten oder ist über den See gefahren. Mal wollte er allein sein, mal nahm er Einzelne mit sich und mal alle seine Jünger. Wenn er müde wurde, hat er geschlafen, wenn es sein musste auch schon mal bei der Überfahrt über den See.

- Wer jetzt keine Zeit für Sport und Ruhe hat, wird bald viel Zeit für Arztbesuche aufwenden müssen.
- Wer sich ständig für andere aufreibt, kann in eine Erschöpfung laufen, die ihn für Jahre außer Gefecht setzt.
- Wer sich keine Zeit nimmt, um bei Gott aufzutanken, die Bibel zu lesen und zu beten, der wird irgendwann kraftlos werden.

Haben Sie Zeiten der Entspannung? Was würde Ihnen gut tun? Ein Spaziergang, ein Stadtbummel, eine Fahrradtour? Es ist wichtig für die Seele, sich auch einmal etwas zu gönnen. Wer könnte besser wissen, was Ihnen gut tut, als Sie selbst.?

Was verachte ich an mir?

Für jeden kann es etwas anderes sein, warum er sich nicht mag oder sogar hasst. Das können kleine und große Dinge sein.

Aussehen

Manchmal sind es nur die Sommersprossen im Gesicht oder eine etwas zu große Nase, ein paar Zentimeter, die an der Idealgröße fehlen, eine zu helle oder zu dunkle Haut, O- oder X-Beine, ein paar Pfund zu viel oder zu wenig.

Lernen Sie sich anzunehmen, wie Sie sind. Oft ist es nur eine Einstellungssache.

Von weißer und brauner Haut ...
Mein Mann und ich haben eine Reise nach Südostasien gemacht. Als wir losfuhren, war einer meiner Wünsche, braungebrannt wiederzukommen. Immer wieder hatte man mich um meiner blassen Haut willen bemitleidet und ausgerufen: »Was siehst du schlecht aus!«

Zu unserem Erstaunen legte sich auf der anderen Seite der Erde keiner an den Strand, um braun zu werden. Im Gegenteil: die Menschen schützten sich sogar vor den braun machenden Sonnenstrahlen mit Sonnenschirmen. In Südostasien erlebte ich, dass jeder meine weiße Haut bewunderte. Manche wollten sie sogar anfassen; andere fragten mich, wie ich das denn geschafft hätte, so schöne weiße Haut zu bekommen.

Plötzlich begriff ich, dass jeder das haben möchte, was er nicht hat. Ich wollte immer braun sein und hatte eine weiße Haut. Andere waren braun und wollten weiß sein. Ich hatte schöne glatte Haare und brachte jedes Jahr große finanzielle Opfer, um eine Dauerwelle zu bekommen. Meine Freundin stand mit ihrer Naturkrause stundenlang vor dem Spiegel, um sich die Haare glatt zu ziehen. Menschen mit braunen Haaren färben sie sich blond, Weißhaarige wollen lieber dunkle Haare tragen. Wie einfach wäre es, wenn wir das schätzen lernen, was zu uns gehört.

Übrigens habe ich meine Einstellung wirklich geändert. Ich trage jetzt eine sportliche Fransenfrisur, was meinem Geldbeutel sehr entgegen kommt, und habe meine weiße Haut akzeptiert. Dank einer Farb- und Stilberatung kann ich mich jetzt so kleiden, dass ich nicht krank aussehe. Ich bin froh, den Satz: »Was siehst du schlecht aus!« nur noch in Ausnahmefällen hören zu müssen – und dann ist er berechtigt.

Von Sommersprossen und Sternen ...
Vieles am Aussehen ist Einstellungssache. Meine Mutter war übersät mit Sommersprossen. Ich habe sie nie darüber klagen hören. Vielleicht weil sie einen weisen Vater hatte, der ihr immer wieder sagte: »Ein Mädchen ohne Sommersprossen ist wie ein Himmel ohne Sterne.«

Von Zahnlücken und Hörgeräten ...
Als ich meinen achtzigjährigen Patenonkel besuchte, lehrte er mich: »Ute, ich habe nun keine Zähne mehr und somit auch keine Zahnschmerzen. Fürs Hören brauche ich ein Hörgerät, aber weißt du, wenn ich mal nichts hören will, schalte ich es einfach aus.« Ich verspürte den tiefen Wunsch, ihn zum Vorbild zu nehmen und meinen Humor auch im Alter nicht zu verlieren.

Geschlecht

Männer haben es besser ...
Jahre lang habe ich gegen mein Geschlecht gekämpft. Tief im Inneren habe ich immer geglaubt, dass Männer es besser haben, besonders, wenn ich an die Doppelbelastung der berufstätigen Frau und Mutter dachte sowie an die Bevorzugung des männlichen Geschlechts im Beruf, bei der Bezahlung und den Karrierechancen. Ich hatte eine unendlich lange Klageliste. Warum musste ich denn jedes Kind austragen? Könnten mein Mann und ich uns nicht abwechseln? Auch diese monatliche Erinnerung ans Frausein war schwer zu ertragen. Es erschien mir alles so ungerecht.

Frauen auch ...

Vielleicht geht es einem Mann aber so, dass er das weibliche Geschlecht beneidet. Übersehen Frauen eine rote Ampel, werden von der Polizei angehalten und setzen ein Lächeln auf, dann kann es sein, dass sie nach einer Ermahnung weiter fahren dürfen, während Männer tüchtig in die Tasche greifen müssen.

Manche Männer sind von der Schulzeit her tief verletzt, weil sie erlebt haben, dass Mädchen wegen ihres fleißigen und ruhigeren Wesens bevorzugt wurden und bessere Noten bekamen. Auch im Beruf wählen Chefs mittlerweile für bestimmte Posten lieber Frauen aus. Männer fühlen sich den Frauen gegenüber immer wieder unterlegen, weil Frauen durch die Intuition oft Situationen eher und besser durchschauen. Als Väter müssen sie viel mehr darum kämpfen und sich einsetzen, um eine Beziehung zu ihren Kindern aufzubauen – und müssen doch erleben, dass die Mütter in Notsituationen oft von den Kindern bevorzugt werden. Auch die Doppelbelastung durch Beruf und Familie ist für viele ein Jonglierakt, bei dem sie sich nicht so sicher fühlen.

Das eigene Geschlecht annehmen ...

Jedes Geschlecht hat seine Vor- und auch Nachteile. »Du ertrinkst noch mal bei dem Versuch, genauso weit zu tauchen wie dein Freund«, bemerkte meine Mutter, als ich 20 Jahre alt war. »Wann lernst du zu akzeptieren, dass Männer von Natur aus stärker sind?«

Es dauerte lange, bis ich das Geschenk des Frauseins auspackte. Heute kann ich sagen, dass ich gerne eine Frau bin. Ich bin dankbar, dass ich unsere Kinder austragen, gebären und stillen durfte. Ich lernte mich fraulich, meinem Typ entsprechend, zu kleiden. Früher bedeuteten mir Kostüme, Hosenanzüge und Kleider nicht viel, bis ich in der Bibel las, dass Gott sich auch freut, wenn wir uns schön machen: *Psalm 45,12: Den König verlangt nach deiner Schönheit; denn er ist dein Herr und du sollst ihm huldigen.*

Ergänzung der Geschlechter statt Machtkampf ...

Gott hat sich viel Mühe dabei gegeben, zwei unterschiedliche Individuen als Mann und Frau zu schaffen. Warum versuchen wir, die

Unterschiede ständig wegzudiskutieren? Warum wollen wir die Gleichartigkeit von Mann und Frau? Die Ergänzung der Geschlechter war Gottes Plan, nicht der Machtkampf unter ihnen. Wenn jeder das annehmen würde, was Gott ihm gegeben hat, dann wären wir sehr reich.

Beherzigen Sie auch nachfolgenden Spruch?

Herr, schenke mir Gelassenheit, die Dinge hinzunehmen,
die ich nicht ändern kann.
Gib mir den Mut, Dinge zu ändern, die ich ändern kann.
Und gib mir die Weisheit, das eine vom andern zu unterscheiden.

Friedrich Christoph Oetinger (1702-1782)

> Ihr Geschlecht können Sie nicht ändern, vieles an Ihrem Aussehen auch nicht. Ich habe festgestellt, dass die Rebellion gegen Unabänderliches viel Kraft kostet, die ich dringend für anderes bräuchte.

Schwachheit, Fehlverhalten, Süchte

Es kann auch sein, dass Sie sich ablehnen, weil Sie immer wieder schwach werden und versagen.

Meines Erachtens gibt es zwei Wege, wie Gott mit unseren Schwächen umgeht.

- Übernatürliches Eingreifen
- Prozessartige Veränderung

Übernatürliches Eingreifen
Es gibt Gebundenheiten, die heilt Jesus sofort. Immer wieder berichten Menschen davon, dass sie Süchte, Fehlverhalten und Schwächen von dem Zeitpunkt an lassen konnten, an dem sie ihr Leben unter die Führung von Jesus gestellt haben.

In meiner Firma wird nicht geraucht ...
Der 35-jährige Simon hat auf einer christlichen Freizeit Gott gebeten, in sein Leben zu kommen. Als er am Montag auf der Arbeit wie gewohnt in der Pause eine Zigarette anzündet, hört er in sich eine Stimme: »In meiner Firma wird nicht geraucht.« Er drückt sofort die Zigarette aus und hat seitdem nie wieder eine Zigarette angezündet.

Heiraten oder auseinander ziehen?
Markus ist 25 und erzählte: »Mir war schon direkt nach dem Gebet klar, dass ich nicht mehr mit meiner Freundin zusammenwohnen kann, entweder heiraten oder auseinander ziehen. Es hat mir niemand gesagt, ich wusste es einfach. Ich bin dann lange spazieren gegangen, um mir darüber klar zu werden, was ich will. Dann bin ich zu meiner Freundin gefahren und habe mit ihr darüber gesprochen.«

Prozessartige Veränderung
Viel häufiger ändert sich unser Verhalten nicht sofort, sondern wir durchlaufen einen Prozess, sodass wir die Schwächen im Laufe der Zeit unter die Füße bekommen.

Schenke mir Geduld ...
Simon war von Natur her ein eher ungeduldiger Mensch. Alles musste schnell gehen. Warten war für ihn Quälerei. Als er davon hörte, dass Jesus helfen könnte, geduldiger zu werden, sprach er ein einfaches Gebet: »Herr, schenke mir Geduld.« Am liebsten hätte er hinzugefügt: »Aber bitte heute noch.« Am Tag danach saß er beim Arzt. Er hatte einen Termin, doch die Wartezeit wurde immer länger. Unruhig rutschte er auf seinem Stuhl hin und her und überlegte, ob er sich beschweren sollte. »Jetzt muss ich wieder warten. Bringt doch nichts, das Gebet«, schimpfte Simon noch, als ein leiser Gedanke lauter wurde: »Ich dachte, du willst Geduld. Ich gebe sie dir, wenn du willst. Du kannst sie aber nur in Situationen lernen, die dich sonst ungeduldig machen würden.« Er willigte ein und bat um Geduld.

Plötzlich überkam ihn eine Freude, für den Arzt und die Arzthelferinnen zu beten, dass sie Weisheit und Liebe für die Notsuchenden hätten. Dann betete er für die Wartenden um Geduld und Verständnis und weiter für seine Familie. Die Zeit verging wie im Fluge.

Schneller als gedacht saß er im Sprechzimmer des Arztes, der sich bei ihm für die Zeitverzögerung entschuldigte. Simon dachte nur: »Wofür?« Und freute sich über Gottes Handeln an ihm.

Jesus ist kein Münzautomat, oben Gebet rein, unten geduldiger Mensch heraus. Aber er geht Wege der Veränderung mit uns. Auch in der Zukunft wird Simon Staus, längere Wartezeiten, trödelnde Kinder, unpünktliche Menschen erleben und es werden alles Übungsfelder sein, um Geduld zu lernen. Als Christ kann ich die Zeit immer sinnvoll zum Gebet nutzen. Anfangs hatte Simon wohl erwartet, dass er nun nicht mehr anstehen und warten müsste. Aber solche Zeiten wird es immer geben; wie gut, dass sie die Macht weitgehend verloren haben, ihn ärgerlich und ungeduldig zu machen.

Mittlerweile sind einige Jahre vergangen und gerade gestern hat eine andere Frau zu Simon gesagt: »Ich bewundere deine Geduld mit den Kindern.«

Was hat Pünktlichkeit mit Unbarmherzigkeit und Stolz zu tun?

> Haben Sie sich schon einmal Gedanken darüber gemacht, dass hinter Stärken Schwächen versteckt sein können? Jede Stärke kann mit mindestens einer Schwäche gepaart sein.

Wir sind auf dem Weg zum Gottesdienst, wie immer etwas knapp in der Zeit. Am Wegrand steht ein Anhalter. Mein Mann fragt: »Sollen wir den mitnehmen?« Ich zische zurück: »Nein, sonst kommen wir zu spät zum Gottesdienst. Ich hasse Unpünktlichkeit.« »Du wärst aber auch kein barmherziger Samariter gewesen«, kontert mein Mann. »Du wärst genau wie die anderen an dem verletzten Mann vorbeigelaufen. Glaubst du nicht, dass der barmherzige Samariter auch einen Termin durch seine Hilfsbereitschaft verpasst hat?«

Schweigen im Auto. Hatte mein Mann ins Schwarze getroffen? Nie ging ich noch ans Telefon, wenn ich schon auf dem Weg zu einem

Termin war, während er immer sagte, es könnte etwas Wichtiges sein. Von den Nachbarn war mir meine Zielstrebigkeit oft als Arroganz ausgelegt worden: Sie hat nie Zeit, mal kurz mit jemandem zu klönen. Wie anders ist doch ihr Mann. Er kommt müde von der Arbeit und nimmt trotzdem noch die Gelgenheit wahr, ein paar nette Worte zu wechseln.

Bisher hatte ich meine Pünktlichkeit immer als Stärke gesehen und nie gedacht, dass dahinter auch etwas anderes stecken könnte. Aber Pünktlichkeit kann mit Stolz gepaart sein, wie gut man selbst organisiert ist, oder mit Unbarmherzigkeit. Dann terrorisiert man die ganze Familie damit, pünktlich sein zu wollen, und ist nicht bereit, jemandem zu helfen, der gerade in Not ist.

Ich plädiere hier nicht für Unpünktlichkeit. Aber wie so oft im Leben kommt es auf meine Herzenshaltung und auf das Motiv für mein Handeln an. Sitzt die Pünktlichkeit auf dem Thron oder Gott? Viele tragen Bänder an den Armen mit der Frage WWJD, was heißen soll: »What would Jesus do?« oder »Was würde Jesus jetzt tun?« Mir fällt dabei das Bild von einem Taxi ein, das ständig mit der Zentrale verbunden ist, um neue Aufträge durchgesagt zu bekommen. So möchte ich mit Jesus verbunden sein.

Ich habe mich von meinem Maßstab pünktlich zu sein verabschiedet und Jesus gebeten, mir zu zeigen, wie er in den jeweiligen Situationen handeln würde. Ich lebe jetzt nicht mehr Pünktlichkeit um jeden Preis, auch wenn ich immer noch gerne pünktlich bin.

Auf meiner Medaille stand auf der Vorderseite Pünktlichkeit und auf der Rückseite Stolz und Unbarmherzigkeit.

> Welche Stärke steht auf Ihrer Medaille? Gibt es dazu auch eine Rückseite?

Ankommen bei Gott

Ich möchte Mut machen, den Weg der Selbstannahme und Identitätsfindung in Christus nicht nur allein zu gehen, sondern immer wieder auch andere Christen zu bitten, ein Stück des Weges mitzugehen.

Gehört werden

»Sie reden ... wir hören zu« las ich auf einem T-Shirt. Wie wohltuend, wenn wir heute noch Menschen kennen lernen, die zuhören können. Suchen Sie eine Person Ihres Vertrauens und erleben Sie, wie wichtig es ist, das eigene Leben mal am Stück erzählen zu dürfen. Zusammen mit einem anderen erkennt man leichter, durch welche Situationen falsche Wegweiser aufgestellt wurden. Im Erzählen und Nachfragen werden manchmal Zusammenhänge deutlich und es tut gut, einem anderen Menschen ungeschminkt Selbstzweifel, Selbstablehnung bis hin zum Selbsthass sagen zu können.

Falsche und richtige Schuld erkennen

Andere Christen können helfen, zwischen echter und falscher Schuld zu unterscheiden.

Wenn ein Kind zum Beispiel denkt, dass es an der Scheidung der Eltern schuld sei, dann ist das eine falsche Schuld. Schuld, die es nicht tragen muss. Oft ist diese »Schuld« so verinnerlicht worden, dass wir uns als Erwachsene immer noch schuldig fühlen. Deshalb kann es sehr wichtig sein, von einem anderen Menschen laut zu hören: »Du bist nicht an der Scheidung deiner Eltern schuld.«

Manchmal belasten sich Kinder auch mit Vorstellungen, dass ihre Eltern nur so unglücklich miteinander seien, weil sie geboren wurden. Auch das ist eine falsche Schuld, die aber oft noch im Erwachsenenleben empfunden wird.

Schuld bekennen

Zum anderen ist es hilfreich, wenn ich Schuld vor einem anderen bekennen kann. Besonders bei Sünden im sexuellen Bereich erleben viele dann erst einen Durchbruch.

1. Johannes 1,9: Wenn wir aber unsre Sünden bekennen, so ist er treu und gerecht, dass er uns die Sünden vergibt.

Jakobus 5,16: Bekennt einander eure Sünden und betet für einander, dass ihr gesund werdet.

Ich möchte Ihnen Mut machen, sich jemand zu suchen, mit dem Sie Sünden vor Gott bringen können.

Gemeinsam beten

Haben Sie schon einmal daran gedacht, sich einen Gebetspartner zu suchen? Ich treffe mich mit einer Frau alle 14 Tage für eine Stunde zum Gebet für unsere Männer, und mit einer anderen Frau, um für die Schule unserer Kinder zu beten. Aber es gibt auch Zeiten, da bitte ich Menschen, mit mir zusammen für meine Probleme zu beten. Wir bringen dann mein Anliegen gemeinsam vor Gott und versuchen, zusammen zu hören, ob Gott uns etwas zeigen will.

Beten besteht aus zwei Teilen – aus Reden und Hören. Oft reden wir die ganze Zeit, meistens sind es Bitten, und wir nehmen uns gar nicht richtig Zeit, auf seine Antworten auf unsere Fragen zu warten. Manchmal hilft mir die Vorstellung, dass ich Ohren so groß wie Mickeymausohren bräuchte und ich bitte Gott, mich ganz auf ihn auszurichten, damit ich sein leises Reden in meine Gedanken auch höre.

Gebetserhörungen aufschreiben

Könnten Sie sich vorstellen, eine Art Tagebuch oder ein so genanntes Wunderbuch zu führen, in das Sie alle Gebetserhöhrungen schreiben? Der Mensch vergisst leider viele Dinge. Deshalb muss er sich Hilfen schaffen.

Zusammenfassung

Wie kann der Weg aussehen, seine Identität in Jesus Christus zu finden?

Schritt 1

- Stellen Sie Ihr Leben unter Gottes Führung
- Sagen Sie »Ja« zu sich, so wie Gott Sie geschaffen hat.
- Entdecken Sie, worin Sie Ihre Identität haben.
- Ziehen Sie Ihren Wert daraus, dass Sie ein Geschöpf Gottes sind.

Schritt 2

- Lernen Sie, sich selbst zu lieben.
- Entdecken Sie Ihre Stärken und Schwächen.
- Nehmen Sie sich ernst.
- Achten Sie Ihre Grenzen.

Schritt 3

- Lesen Sie in der Bibel.
- Seien Sie ehrlich mit sich.
- Bekennen Sie alleine oder mit Hilfe eines Seelsorgers Ihre Schuld vor Gott.
- Vergeben Sie und bitten Sie Gott um Heilung für Ihre Verletzungen.
- Geben Sie Gott in der Stillen Zeit, in Gottesdiensten und auf Tagungen Gelegenheit, Sie mit seiner Liebe zu füllen.

Schritt 4

- Suchen Sie sich einen Gesprächspartner/Seelsorger.
- Suchen Sie sich einen Gebetspartner.
- Willigen Sie in Gottes Erziehung ein.
- Haben Sie Geduld, wenn die Veränderung scheinbar nicht schnell genug geht.

Selbstannahme geschieht nicht von jetzt auf gleich. Es ist ein Prozess, in den ich einwillige. Zwiebelschalenförmig erkenne ich, wer ich wirklich bin, wenn ich mich Stück für Stück von Festlegungen und Sätzen, die andere oder ich selbst über mir ausgesprochen habe, löse. Gott hält mich in seiner Liebe, wenn die Erinnerungen zu weh tun und er gibt mir Kraft zu vergeben und um Vergebung zu bitten.

KAPITEL 2: KRISENSITUATION

Was bedeutet »Krise«?

Das Wort Krise kommt aus dem Griechischen und bedeutet laut Duden:

- allgemein eine schwierige, gefährliche Situation
- ein Wendepunkt einer Entwicklung
- eine Entscheidungssituation

Wir sind auf einem Lebensweg ...
Stellen Sie sich Christian und Anja vor. Sie sind seit einem Jahr glücklich verheiratet und freuen sich an ihrem gemeinsamen Lebensweg.

Absturz ins Tal ...
Eines Tages geschieht ein Vertrauensbruch. Anja hat ohne Christian zu fragen 1000,- Euro vom gemeinsamen Konto abgehoben und will zunächst auch nicht sagen, wofür sie das Geld ausgegeben hat. Es entbrennt ein heftiger Streit. Beide fühlen sich hinterher verletzt. Christian steigt aufs Fahrrad und fährt ohne ein Wort der Erklärung weg und Anja zieht sich ins Gästezimmer zurück. Am Abend gehen

Weg des Lebens mit kleinen und großen Krisen

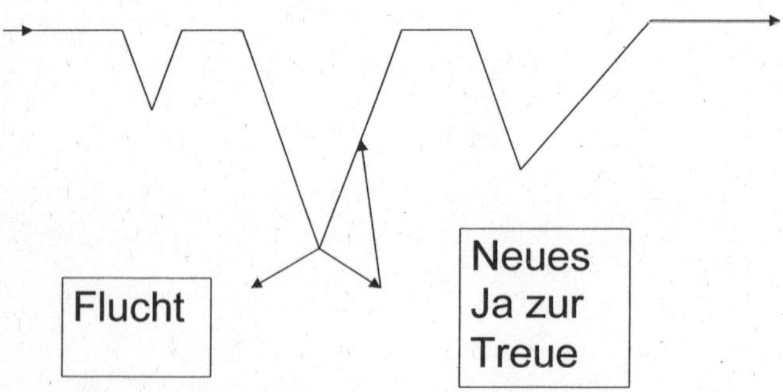

sie sich aus dem Weg. Anja schläft im Gästezimmer, Christian im Schlafzimmer. Auch am nächsten Morgen schweigt Anja weiter. Sie hat Angst, Christian den wahren Grund für das Geldabheben zu sagen. Es scheint keine Lösung in Sicht. Ab und zu fragen sich die beiden: »War es überhaupt richtig, dass wir geheiratet haben? Kannten wir uns schon gut genug?«

Auf dem Tiefpunkt einer Krise muss jeder für sich entscheiden. »Laufe ich weg, ist Flucht die Lösung oder vergebe ich und willige wieder in die Partnerschaft ein?«

Wiederaufstieg ...
Anja gibt dann am Abend zu, dass sie das Geld ihrem Bruder gegeben hat, der in Not war und dringend seine Schulden bezahlen musste. Sie weiß auch, dass ihr Bruder schon häufiger Geld geborgt und nie zurückgezahlt hat. Aber immerhin ist er doch ihr Bruder. Sie bittet Christian um Vergebung, dass sie ihn nicht gefragt hat, denn eigentlich hatten sie sich versprochen, bei größeren Geldausgaben gemeinsam zu entscheiden. Christian kann ihr vergeben.

Neuer Tiefgang ...
Anja und Christian haben diese Krise überwunden und merken, dass sie eine neue Tiefe in ihrer Beziehung gefunden haben. Außerdem wächst in ihnen die Gewissheit, dass sie auch andere Schwierigkeiten gemeinsam tragen können.

Bis zur nächsten Krise ...
Die nächste Krise wird kommen. Es ist wichtig, dass wir krisentauglich werden.

Über die zwanzig häufigsten Krisen in Partnerschaften schreibe ich in meinem Buch: »Ich will dir treu sein«.

In jeder Art von Beziehung – sei es die zu meinen Eltern, den Kindern, zu einem Freund oder einer Freundin, ja sogar zu Gott – befindet man sich auf so einem Weg mit Höhen und Tiefen.

Was löst das Wort »Krise« bei mir aus?

Keiner freut sich über schwierige Wege im Leben. Aber ich kenne viele Menschen, die sagen würden, dass Krisen für die Reifung einer Persönlichkeit sehr wichtig sind. Oft wirken schwierige Phasen auf dem Lebensweg wie Weichensteller. Sie erschüttern unsere bisherigen Vorstellungen, Werte und Ziele.

> Löst das Wort »Krise« bei Ihnen Angst aus? Haben Sie nicht auch die Hoffnung, dass Sie als Christ unter Gottes besonderem Segen stehen und deshalb nicht so oft durch Leid gehen müssen?

Krisen gehören zum Leben dazu ...
Meines Erachtens ist es eine Irrlehre, zu glauben und anderen zu erzählen: »Komm zu Jesus und alles ist einfach. Du wirst reich, du wirst gesund, du hast keine Probleme mehr.« Wir können durch die gleichen Krisen gehen wie Menschen, die von Gott nichts wissen wollen und seine Gebote missachten: *Gott lässt regnen über Gerechte und Ungerechte.* So steht es in *Matthäus 5,45* – auch wenn uns das nicht gefällt.

Aber die gute Nachricht ist, dass wir besser mit Krisen umgehen können, da wir dank Gottes Hilfe nicht auf uns allein gestellt sind. Wir haben eine Hoffnung, dass Gott uns nicht über unsere Kräfte versucht und dass sein Joch leicht ist. Er will unsere Hilfe sein.

Wir haben ein Poster im Flur hängen, auf dem steht: »Herr, mache mir immer wieder deutlich, dass mir nichts heute begegnen kann, das du und ich nicht gemeinsam meistern können.«

> Haben Sie auch die Sicht, dass eine Krise eine Herausforderung ist?

Wenn bei uns zu Hause so viel schief läuft, höre ich meinen Mann oft sagen: »Herr, was du mir heute wieder alles zutraust.«

Menschen der Hoffnung ...

Im Kindergarten werde ich von der Leiterin gefragt: »Wie geht`s denn so?« »Ach, nicht so gut« antworte ich. »Ich habe zurzeit kein Au-pair-Mädchen, muss alles alleine bewältigen und weiß nicht, wo mir der Kopf steht.« Daraufhin meint die Leiterin: »Frau Horn, Sie sind doch eine Frau der Hoffnung.«

Dieser Satz ermutigte mich und ich dachte: » Was für eine schöne Definition für jemanden, der alles von Gott erwartet.« Ich wollte neu meine Hoffnung auf Gott setzen, ihn bitten, mir zu helfen, mir Kraft zu geben und mir zu seiner Zeit ein neues Au-Pair-Mädchen anzuvertrauen.

In Krisen nicht allein ...

Aber es gibt natürlich auch Krisen, die uns über den Kopf zu wachsen drohen. Jeder von uns kennt Phasen, in denen er nicht mehr glauben kann, in denen die Wellen über einen hereinbrechen. Dann hat man keine Kraft für ein Gebet, kann nicht in der Bibel lesen und der Gottesdienstbesuch scheint unmöglich. Glücklich ist, wer in solchen Situationen einen Freund hat, der für ihn mitglaubt und ihn trägt. Dass wir einander brauchen, lesen wir schon in der Bibel beim Gleichnis von den vier Freunden, die einen Lahmen zu Jesus bringen. Durch den Glauben der Freunde darf der Lahme erleben, dass Jesus ihn heilt, sodass er wieder laufen kann und dass ihm seine Sünden vergeben werden.

Wie gut, wenn wir durch Krisen nicht alleine gehen müssen und wie gut, wenn wir bereit sind, andere in Krisen zu begleiten.

Drei Dinge tun Not ...

Der Mensch lernt durch drei Dinge sehr wichtige Lektionen für sein Leben. Leider ist da auch das Leid dabei.

Der Mensch lernt durch:

- Liebe
- Arbeit
- Leid

Liebe ...

Die Liebe zeigt mir, dass ich da sein darf und bedingungslos angenommen bin. Erfahrene Liebe ist das Fundament, das ich brauche, um Selbstwertgefühl zu entwickeln. So gibt es eine Generation an die nächste weiter. Wir beobachten, dass Kinder, die sich geliebt fühlen, zu Erwachsenen werden, die lieben.

Arbeit ...

Die Arbeit lehrt mich meine Gaben und Fähigkeiten zu entdecken und zu entwickeln. Ich lerne Disziplin, Gemeinschaftsfähigkeit, Pünktlichkeit und bekomme Gewissheit, etwas leisten zu können. Jeder von uns kennt das zufrieden stellende Gefühl, etwas erreicht zu haben. Was wäre ein Leben ohne Klassenarbeiten, Prüfungen, Gesellenstücke und fertige Projekte? Ausruhen, Urlaub und Freizeit kann doch erst nach getaner Arbeit richtig genossen werden.

Leid ...

Durch Leid lerne ich meine eigene Endlichkeit begreifen. Ich erfahre, dass das Leben einen Anfang und ein Ende hat. Ich habe die Chance klug zu werden, sagt die Bibel, wenn ich meinen eigenen Tod nicht aus dem Leben ausklammere. *Psalm 90,12: Lehre uns bedenken, dass wir sterben müssen, auf dass wir klug werden.*

Im Leid kann ich Barmherzigkeit, Trost, Liebe und Freundlichkeit erfahren und somit selbst die Fähigkeit erlernen, zu trösten und anderen beizustehen. In der Not erkennen wir den wahren Freund und begreifen den tiefen Wert und das Geschenk der Freundschaft, die selbstlos beisteht.

- Nur wer den Hunger kennt, weiß wie wohltuend es ist, immer satt zu werden.
- Nur wer Krankheit kennt, kann Gesundheit schätzen.
- Nur wer Armut erlebt hat, erfasst den Wert, immer genug Geld zur Verfügung zu haben.

Durch Mangel werden wir dankbar für die Zeiten ohne Not.

Welche Situationen können Krisen auslösen?

Krisen können durch so genannte normale Dinge wie Umzug, Studienbeginn, Berufsstart, Älterwerden oder das Erwachsenwerden der Kinder ausgelöst werden, oder auch durch außergewöhnliche Belastungen wie eine Fehlgeburt, eine schwere Krankheit, Mobbing oder den Verlust des Arbeitsplatzes.

Wenn ich abgelehnt werde ...
Christoph ist von Beruf Lehrer. Übermorgen hat er die Möglichkeit, an einer anderen Schule zum Thema »Wie sieht heute eine zeitgemäße christliche Erziehung aus?« zu sprechen. Zwei Tage vor dem Vortrag bekommt er einen Anruf vom Schulleiter Herrn Krause. Er möchte Christoph wieder ausladen, da er erst jetzt erfahren habe, dass er in eine Freikirche ginge. Das könne er nicht verantworten. Auch auf Christophs Einwände hin, dass er diesen Vortrag schon an anderen Schulen gehalten habe, bleibt Herr Krause beim »Nein«.

Wie hätten Sie reagiert? Wie hätte Jesus sich verhalten?

Es gibt viele Situationen, in denen man ausgegrenzt wird, nur weil man ein bestimmtes Aussehen, eine bestimmte Konfession oder eine bestimmte Herkunft hat. Abgelehnt zu werden schmerzt immer. Das beginnt schon ganz früh, wenn die ersten Geburtstagseinladungen ausgesprochen werden und man nicht dabei ist.

Wie gehen wir mit Ablehnung, Mobbing und Verletzungen um?

In der Bibel steht: *Liebt eure Feinde, ... bittet für die, die euch beleidigen (Lukas 6,27).*

Manchmal erlebt man andere Menschen als Feinde, auch wenn sie keine Feinde im »klassischen Sinn« sind und auch nicht sein wollen.

Segnen trotz Ablehnung ...
Der Schulleiter will Christoph nicht verletzen, sondern nur seinem Gewissen gegenüber verantwortlich handeln. Trotzdem fühlt sich Christoph durch die Absage verletzt und abgelehnt. Es ist nicht einfach für ihn, gut mit der Situation umzugehen. Immer wieder denkt er über das Erlebte nach und bittet Gott um Frieden und Wegweisung. Wenn er ehrlich ist, bewundert er Herrn Krause sogar für seine Entschiedenheit und Stärke, zu seiner Meinung zu stehen. In den kommenden Monaten betet er oft für den Schulleiter und segnet ihn.

Ein Jahr später zieht Christoph mit seiner Familie in die Nähe dieser Schule und bittet den Schulleiter darum, seine Tochter aufzunehmen. In den nächsten Jahren werden noch zwei weitere Kinder folgen.

Beten und unterstützen ...
Christoph betet weiter regelmäßig für die Schule und ihren Leiter. Eines Tages wird er gebeten, Klassenelternvertreter zu werden. Außerdem unterstützt er die Gründung eines Förderkreises für die Schule. Da Christoph weiter Vorträge hält, bleibt es nicht aus, dass die eine oder andere Mutter in der Schule etwas davon erfährt.

Loyalität gefragt ....
So wird er eines Tages von Frau Schol gefragt, ob er nicht auch einmal einen Vortrag für die Schule halten könne. Christoph läuft es kalt den Rücken hinunter. Sofort denkt er an die erste Begegnung mit dem Schulleiter. Was ist jetzt richtig? Er will Herrn Krause nicht bloßstellen, auch nichts von der Ausladung sagen und antwortet, dass er es sich überlegen wolle.

Zunächst möchte er Herrn Krause selbst fragen. Er bittet um ein Gespräch und darf erleben, dass in den letzten fünf Jahren Beziehung und Vertrauen gewachsen ist. »Er habe auch schon daran gedacht, ihn einzuladen«, sagt Herr Krause.

So hält Christoph fünf Jahre später in der Schule doch noch den Vortrag.

> Können Sie Ablehnung aushalten? Reagieren Sie verletzt und ziehen sich zurück? Oder können Sie auch wie Christoph segnen, beten und warten, bis die Tür von innen wieder aufgemacht wird?

Wenn mir gekündigt wird ...
Klaus zieht von Nord- nach Süddeutschland, weil er ein sehr attraktives Stellenangebot hat. Nach einem Vierteljahr lässt er seine Familie nachziehen. Aus für ihn unerklärlichen Gründen wird er von seinem neuen Chef nach weiteren sechs Monaten entlassen. Klaus, vom Typ her eher ein Optimist, sucht sich eine neue Stelle, doch auch dieses Arbeitsverhältnis wird nach acht Monaten gekündigt. Jetzt beginnt er langsam daran zu zweifeln, ob seine Entscheidung von Nord nach Süd zu ziehen richtig war. Sollte Arbeitslosigkeit das Ziel sein? Wieder findet er Arbeit, doch die Erfahrung lehrte ihn, nicht allzu selbstsicher zu sein. Als er auch diesen Job verliert, geht er mit seinem ganzen Frust zu Gott und fragt: »Was soll denn das? Wofür willst du mich denn bestrafen? Wie kann ich meine Familie ernähren?« Er fühlt sich von Gott und Menschen verlassen. Doch dann festigt sich in ihm der Entschluss, sich selbstständig zu machen, eine Entscheidung, die er sonst bestimmt nicht getroffen hätte. Heute ist er ein erfolgreicher Unternehmer und sagt: »Auf allen drei Arbeitsstellen habe ich etwas anderes gelernt und alles war notwendig, damit ich heute so erfolgreich bin.«

»Hinfallen ist nicht schlimm, aber liegen bleiben.« – Das ist einer meiner Lieblingssprüche. Ich möchte mich von Klaus und seiner Geschichte ermutigen lassen und glauben, dass alles, was mir begegnet, einen Sinn hat. Manchmal erfahre ich den Sinn unmittelbar, manchmal im Rückblick und manchmal erst in der Ewigkeit.

Wenn eine Ehe zerbricht ...
Christina Riecke schreibt in ihrem Buch »Sisterhood« über ihre Schwester Dorothea, die von ihrem Mann verlassen wurde: »Dorothea hat in ihrem Leben erfahren, dass gerade da, wo die schlimmste Wunde und die tiefste Enttäuschung war, das größte Wunder geschehen kann: außergewöhnliche Erneuerung. Wo war Gott in ihrer Krise? Immer an ihrer Seite, immer im Blick, immer ihr Gegenüber. Sie konnte beim Beten zetern, aber sie hörte nie auf, sich im Gebet an ihn zu wenden.

Und sie blieb nicht im Selbstmitleid stecken. Wie schwer musste es ihr fallen mich und meinen Mann zu besuchen. Doch sie sagte: ›Hey ich bin froh über jede Ehe, die hält.‹ So sollte es sein, so ist es gedacht.

So wünsche ich es mir und dir und jeder von uns. Wir sollten uns freuen, wenn es gelingt.«

Wenn ein Kind stirbt, bevor es geboren wird ...
»Wo war Gott, als dein Kind starb und du eine Fehlgeburt durchleben musstest?«, fragte mich meine Freundin. Und ich konnte sagen: »Er war da, er hat mich getröstet, mir aber nicht erspart durch diese schwere Zeit zu gehen.«

Wo war Gott? Warum lässt Gott Leid zu? Diese Fragen sind so alt wie die Menschheitsgeschichte. Und immer wieder erzählen Menschen davon, wie sie Gott gerade im Leid erlebt haben.

Nach der Geburt von zwei Kindern war ich wieder schwanger. Überall hatten wir es schon erzählt, da wir nicht davon ausgingen, dass irgendetwas schief gehen könnte. Plötzlich in der zehnten Schwangerschaftswoche bekam ich Blutungen. Der Arzt wies mich ins Krankenhaus ein, aber ich machte mir keine Sorgen, da die Hormonwerte stabil waren und das Herz des Kindes kräftig schlug. Außerdem hatte eine Bekannte gerade ein gesundes Kind entbunden, obwohl sie auch im dritten Schwangerschaftsmonat Blutungen hatte. Ich hielt strikte Bettruhe. Vier Tage hatte ich schon liegend verbracht, als wehenartige Schmerzen eintraten und die Blutung zunahm. Ein Arzt untersuchte mich per Ultraschall. Wir starrten beide auf den Bildschirm und sahen, dass das Herz nicht mehr schlug.

Unser Kind war tot, ganz leise fortgegangen.

Gott tröstet durch eine ehemalige Arbeitskollegin ...
Auf dem Weg zurück zum Zimmer begegnete mir auf dem Flur eine ehemalige Arbeitskollegin, die mich besuchen wollte. Als ich in ihr Gesicht schaute, konnte ich die Tränen nicht mehr zurückhalten. »Ich habe gerade erfahren, dass unser Kind tot ist«, schluchzte ich. Sie nahm mich in den Arm und sagte: »Wir müssen jetzt daran festhalten, dass Gott keine Fehler macht.« Wie tröstend, dass sie jetzt da war und ich den Kummer mit ihr teilen konnte.

Mein Mann war telefonisch nicht erreichbar und so musste ich mich allein auf die Ausschabung vorbereiten und allein in den Operationssaal fahren.

Gott schickt eine Freundin ...

Doch als ich aus der Narkose erwachte, schaute ich in die Augen meiner Freundin, die eine dreiviertel Stunde entfernt wohnt. »Wo kommst du denn her?«, fragte ich sie verwundert. »Ich hatte heute morgen so eine Unruhe und dachte, dass du mich brauchst. Deshalb habe ich mich in den Zug gesetzt und bin hergefahren.«

Gott weiß, dass ich durch Krisen nicht gerne allein gehe und dass ich zum Verarbeiten von Schmerzen Gesprächspartner brauche. So hat er mir zum richtigen Augenblick zwei liebe Menschen geschickt, die mich in den Arm nahmen und mich trösteten.

> Manchmal hat Gott keine anderen Arme als die von uns Menschen. Kann Gott Sie zu Menschen in Not schicken?

Ich glaube, dass er oft in unsere Gedanken hinein redet: »Ruf doch mal Tante Frieda an.« »Schreib doch Christine eine Karte aus dem Urlaub. Sie würde sich riesig freuen.« Doch dann schieben wir diese Gedanken wieder fort, manchmal aus Trägheit, manchmal aus Überforderung. Lassen Sie uns Menschen sein, die Gottes verlängerter Arm sind.

Gott begegnet mir selbst ....

Nach der Ausschabung – es war Karfreitag 87 – wollte ich wie gewohnt in der Bibel lesen und beten. Aber immer wieder weinte ich, als sich eine Frage in mir formulierte: »Warum weinst du?« Ohne zu überlegen konterte ich: »Weil du mir mein Kind weggenommen hast.« Daraufhin kam folgende Antwort in meine Gedanken: »Um deine beiden anderen Kinder musst du noch viel kämpfen, dass sie den Weg zu mir finden. Dieses Kind hat das Ziel mit seinem Leben schon erreicht, es ist bei mir.«

In der Bibel gibt es die Geschichte vom blinden Bartimäus, der schreit: »Jesus, hilf mir.« Jesus lässt ihn zu sich rufen und fragt ihn als erstes: »Was willst du?« Eigentlich ist doch alles klar. Bartimäus ist blind und natürlich will er sehen können, würde jeder von uns denken. Aber Jesus fragt ihn. Und so glaube ich auch, dass Jesus mich fragte: »Warum weinst du?« Obwohl auch das auf der Hand lag. Dann handelt Jesus. Bartimäus wird sehend und ich wurde in gewisser Weise auch sehend. Ich habe hören dürfen, dass dieses Kind bei Jesus und am Ziel seines Lebens ist. Mich haben diese Worte in der Tiefe meiner Seele angesprochen und meine Trauer in Freude verwandelt. Diese Worte, in meine Gedanken gesprochen, haben mein Leben und Denken verändert. Ich hatte eine Begegnung mit dem lebendigen Gott, der Wunden heilen kann. Ich bin so tief getröstet gewesen, dass ich nie wieder über den Tod dieses Kindes getrauert habe.

Wer will uns scheiden von der Liebe Christi? Trübsal oder Angst oder Verfolgung oder Hunger oder Blöße oder Gefahr oder Schwert? – steht im *Römer 8,35*.

Und dann in Römer 8,38-39: *Denn ich bin gewiss, dass weder Tod noch Leben, weder Engel noch Mächte noch Gewalten, weder Gegenwärtiges noch Zukünftiges, weder Hohes noch Tiefes noch eine andere Kreatur uns scheiden kann von der Liebe Gottes ...* Das habe ich erfahren, und meine Tränen wurden in Freude verwandelt.

Gott gibt dem Erlebten einen Sinn ...

Durch dieses Kind in meinem Bauch, das ich nie in den Armen halten durfte, wird und wurde schon ganz viel auf unserer Erde bewirkt. Viele Menschen, die meinen Erlebnisbericht hören oder in meinem Buch »Leise wie ein Schmetterling – Abschied vom fehlgeborenen Kind« lesen, werden getröstet. Ehepartner finden wieder zueinander, weil sie lesen, dass Trauer ganz unterschiedlich verarbeitet wird. Eltern und Kinder, Schwiegereltern und Schwiegerkinder vergeben sich gegenseitig, wenn sie in dem Buch lesen, da ihnen schlagartig bewusst wird, womit sie sich verletzt haben.

So kann jedes Leben Sinn machen und hier auf dieser Erde viel bewirken, auch wenn es nur 11 Wochen im Mutterleib war.

Wir machen oft Unterschiede und denken, dass nur ein Leben Sinn macht, dass wenigstens 60-80 Jahre gedauert hat. Aber ich glaube, dass Gott anders urteilt.

Wie reagiere ich auf Krisen?

… in Abhängigkeit von meiner Verfassung
Meine Reaktion auf Krisenauslöser ist sehr stark von meiner momentanen körperlichen und seelischen Verfassung abhängig. Wenn es mir seelisch gut geht, stecke ich Dinge, die sonst nerven, eher weg, als wenn ich sowieso schon knapp mit der Zeit bin.

Es gibt kleine und große Krisen und manchmal werden die scheinbar kleinen ganz groß, weil ich mich ausgelaugt und müde fühle.

Wenn Max den Kakao umwirft …
Szene 1: Wir sind im Urlaub. Die Sonne scheint. Wir sitzen auf der Terrasse und genießen das gemeinsame Frühstück. Plötzlich wirft Max den Kakao um. Die Mutter sagt nur: »Ist nicht so schlimm. Hol schnell den Lappen und schon können wir den Vorfall vergessen.«

Szene 2: Einen Tag vor dem Urlaub. Es muss noch so viel gemacht werden. Alle sind im Stress. Man setzt sich zum Frühstück kurz zusammen. Da wirft Max den Kakao um. Die Mutter schreit: »Kannst du nicht aufpassen? Haben wir nicht schon genug Arbeit? Immer machst du so einen Müll. Du bist wie dein Vater, du hast auch zwei linke Hände.«

In beiden Szenen ist das gleiche passiert. Es ist eine Tasse Kakao umgefallen. Aber die Reaktionen waren grundverschieden. In Szene 1 wird die Tat als Versehen eingeordnet, wohingegen Max in Szene 2 nicht nur die Schuld für sein Versagen vorgehalten wird, sondern auch noch alle Taten, die die Mutter mit dem Vater erlebt hat. Wie oft entlädt sich in Stresssituationen ein ganzes Familienerbe.

Schon allein um solche Generalabrechnungen zu vermeiden, ist es wichtig darauf zu achten, dass man im seelischen Gleichgewicht bleibt. Sich selbst zu lieben, seine eigenen Grenzen zu achten, kommt letzten Endes allen zugute.

Nicht nur als Einzelpersonen müssen wir auf uns aufpassen, ganz wichtig ist es auch, dass wir als Ehepartner auf unsere Ehe achtgeben.

Wenn Carolin den Kaffee schlürft ...

Es ist Dienstagmorgen. Reiner liest Zeitung und isst dabei sein Müsli. Carolin kommt noch etwas verschlafen aus dem Badezimmer, schenkt sich eine Tasse Kaffee ein, setzt sich zu Reiner und genießt gerade den ersten Schluck, als Reiner sie anraunzt: »Musst du den Kaffee so schlürfen? Ich hasse dieses Geräusch.« »Ich kann auch wieder ins Bett gehen, wenn ich dich nur störe«, zischt Carolin. Sie zieht sich verletzt zurück. Eiszeit ist angesagt. »Was ist nur mit unserer Ehe los?«, fragt sich Carolin. »Wir keifen uns nur noch an.«

Plötzlich wird ihr bewusst, dass sie in den letzten zwei Wochen nicht viel Zeit miteinander verbracht haben. Reiner war beruflich stark eingespannt und sie vertrat abends mehrmals eine Kollegin als Kursleiterin im Bereich Aerobic. »Wir sollten mal wieder zusammen essen gehen«, überlegt sie und ihre Laune bessert sich schon bei der Vorstellung.

Unter dem Motto Eltern werden, Ehepaar bleiben, brauchen Ehepaare auch als Eltern qualitativ wertvolle Zeit zu zweit. Zeit um zusammen zu lachen, sich miteinander auszutauschen und etwas gemeinsam zu unternehmen.

> Gönnen Sie sich wenigstens einen Abend pro Woche und einmal im Jahr ein Wochenende ohne Ihre Kinder. Sie werden erleben, dass Sie danach wieder neue Kraft für den Alltag haben.

Carolin und Reiner nutzen die nächste sich bietende Gelegenheit, um bei ihrem Lieblingsitaliener essen zu gehen. In Ruhe können sie noch einmal über die letzten spannungsgeladenen Situationen reden. Als Carolin dann den Cappuccino beim Nachtisch schlürft, lacht Reiner diesmal nur und meint: »Schatz, verbrenn dich nicht, der Cappuccino scheint ja sehr heiß zu sein.« Carolin versteht die Anspielung und nimmt sich ihrerseits vor, aus Liebe zu Reiner aufs Schlürfen zu verzichten.

... in Abhängigkeit von meinem Typ

Man hat festgestellt, dass Reaktionen auf Krisenauslöser bei verschiedenen Menschen sehr unterschiedlich sein können und ganz entscheidend beeinflussen, ob ich das Erlebnis als verletzend einstufe oder relativ unbeschadet aus der Krise hervorgehe.

Wenn ich kentere ...

An unserem ersten Hochzeitstag lud mich mein Mann zu einer Segelfahrt auf einem Zweirumpfboot, einem Katamaran, ein. Bei Windstärke 5 hatten wir sehr viel Spaß. Ich stand weit herausgelehnt im »Trapez«, als sich ein Rumpf ins Wasser grub und wir kenterten. Ich flog in hohem Bogen aus dem Trapez in den Mast und dachte im ersten Augenblick, dass mein Oberschenkel gebrochen wäre. Im Wasser angekommen, weinte ich: »Ich will nicht kentern.« Während mein Mann nur antwortete: »Hör auf zu weinen, du *bist* gekentert. Du musst mir jetzt helfen das Boot aufzurichten.«

Zwei Menschen haben das gleiche Erlebnis. Der eine nimmt es wie es kommt und richtet das Boot wieder auf, der andere weint und ist handlungsunfähig.

Zu welcher Personengruppe gehören Sie? Zu denen, die erst den Schock verarbeiten müssen und manchmal auch in der Trauer über das Erlebte stecken bleiben oder zu denen, die den Schmerz gar nicht erst zulassen, sondern direkt die Lösung aus dem Problem suchen?

Wir brauchen beide Reaktionen. Wenn wir den Schmerz nicht zulassen, dann sucht dieser sich andere Ventile und wir können in Sucht- oder Beziehungsprobleme geraten. Wenn wir dagegen in Schmerz, Selbstmitleid und Trauer verstrickt bleiben, können wir lebensmüde und handlungsunfähig werden.

Wenn ich einen neuen Papa bekomme ...

Claudia und Michael haben zwei Kinder: Mirjam, 10 Jahre alt, und Birthe, 4 Jahre alt. Michael ist begeisterter Motorradfahrer. Immer wieder bricht er im Sommer zu Tagestouren auf. Von einem Ausflug kommt er nicht mehr zurück. Er verunglückt tödlich. Mirjam hatte eine sehr innige Beziehung zu ihrem Vater und fällt in ein tiefes Loch. Immer wieder weint sie, verliert sich in Tagträumereien und wendet sich ganz von Gott ab, der ihr ihren Vater genommen zu haben scheint. Mit so einem Gott will sie nichts zu tun haben, der ihren Vater nicht behüten kann. Ganz schlimm wird es, als ihre Mutter nach vier Jahren wieder heiraten will. Mirjam gibt dem neuen Mann an Mutters Seite keine Chance und sagt immer wieder, dass sie den Stiefvater hassen würde. Wenn er etwas sagt, kontert sie: »Du bist nicht mein Vater.« Claudia weiß nicht, was sie tun soll. Wie anders reagiert doch Birthe. Sie hat es einfach akzeptiert, dass ihr Vater jetzt im Himmel ist. Sie geht weiterhin offen auf andere Menschen zu und freut sich über ihren »neuen« Papa. Sie hat immer wieder dafür gebetet, dass sie wieder einen neuen Vater bekommt, und jetzt ist er da.

Wie kann man sich das erklären? Zwei Mädchen erleben den Tod ihres Vaters. Die eine scheint daran zu zerbrechen und die andere einfach so weiterzuleben, als wenn nichts geschehen wäre.

Ich glaube, dass man es nicht nur mit dem unterschiedlichen Alter der Töchter, sondern eher mit dem andersartigen Menschentyp erklären kann.

> Aus diesem Erlebnisbericht wird deutlich, dass der Auslöser einer schweren Lebenskrise nicht allein dazu ausreicht, ein Leben aus den Angeln zu heben, unsere Reaktion auf den Auslöser muss dazukommen.

KAPITEL 3: BEI GOTT BLEIBEN – TROTZ KRISEN

Das Werkzeug des Dankens

Im Danken scheint ein Schlüssel zu liegen. *Danket für alles* oder *seid dankbar in allen Dingen* steht im *1. Thessalonicher 5,18*. Wer kann das und wer tut das? Ist es möglich, jemals dahin zu kommen?

Die erste Frage ist: Will ich das überhaupt?

Es liegt Kraft in Gottes Wort, aber ich muss es anwenden und in den Prozess einwilligen. Ich habe oft Bibelverse gelesen und dann gebetet: »Herr, ich verstehe die Sätze nicht und mein gesunder Menschenverstand lehnt sie ab, aber ich werde sie jetzt vier Wochen ausprobieren. Bitte, stelle dich zu deinem Wort.«

Und ich habe erstaunliche Erfahrungen gemacht.

Eine Geschichte aus dem letzten Jahrhundert öffnete mir die Augen für die Kraft, die im Danken steckt.

Trotz Diebstahl dankbar ...

Ein Prediger zieht von Ort zu Ort und wird eines Nachts in einer Herberge bestohlen. Am nächsten Morgen schreibt er in sein Tagebuch:

- Danke, dass es das erste Mal war, dass man mich bestohlen hat.
- Danke, dass sie mir nicht alles genommen haben.
- Danke, dass man mir nur Wertgegenstände und nicht mein Leben genommen hat.
- Danke, dass ich den Dieben vergeben kann.

Wie geht es Ihnen beim Lesen der Geschichte? Ich war tief bewegt, als ich sie zum ersten Mal hörte und hatte Tränen in den Augen. So wollte ich auch handeln können.

Wenn der Gefrierschrank abtaut ...

Zwei Wochen, nachdem ich Gott im Gebet gesagt hatte, dass ich ein dankbarer Mensch werden möchte, kam der erste Test, wie ernst ich es denn meinen würde. Wir kamen gerade aus dem Urlaub. Gut gelaunt ging ich in den Keller, um ein Gericht aus dem Gefrierschrank zu holen, als mir furchtbarer Gestank entgegenschlug. Was war geschehen? In der Nähe des Gefrierschrankes stand eine große Pfütze Wasser, die Tür war nur angelehnt und alles Gefriergut war abgetaut und zum Teil schon verschimmelt. Ich konnte meinen Augen kaum trauen und dachte an die vielen Kuchen und Gerichte, die ich vor dem Urlaub noch hergestellt hatte. Bevor ich wütend werden konnte, kam mir plötzlich der Prediger wieder in den Sinn. Was hatte er geschrieben? Wie konnte ich ihn mir zum Vorbild nehmen?

Danken lernen ...

Satz für Satz rief ich mir die Geschichte ins Gedächtnis und versuchte sie auf meine Situation anzuwenden. Wie hieß der erste Satz? Danke, dass es das erste Mal war, das man mich bestohlen hatte. Ja, das musste ich zugeben. Mir ist bisher noch nie ein Gefrierschrank abgetaut und so sagte ich schmunzelnd: »Danke, dass es das erste Mal ist, dass mir so etwas passiert.« Als nächstes betete der Prediger: »Danke, dass sie mir nicht alles genommen haben.« Ich hatte einen alten Gefrierschrank meiner Eltern übernommen und so hatte ich zum Zeitpunkt des Unglücks zwei Gefrierschränke und noch ein kleines Fach im Kühlschrank integriert. Also ging auch mein Gebet weiter mit dem Satz: »Danke, dass nur ein Gefrierschrank abgetaut ist und nicht beide.« Nun wurde es spannend: »Danke, dass man mir nur Wertgegenstände und nicht mein Leben genommen hat.« Zunächst fiel mir dazu nichts Passendes ein. Doch dann dachte ich an tiefgefrorene Hähnchen, die vielleicht Salmonellen haben könnten oder daran, was passiert wäre, wenn die Lebensmittel nur angetaut, vielleicht auch angeschimmelt wieder eingefroren worden wären. So sagte ich: »Danke, dass nur die Lebensmittel weggeworfen werden müssen und ich nicht durch verdorbene Lebensmittel zu Schaden kommen werde.« Als letztes hat der Prediger noch Vergebung ausgesprochen. »Danke, dass ich den Dieben vergeben kann.« Ich dachte daran, wer wohl die Tür nicht richtig geschlossen hatte. War ich es vielleicht sogar selbst gewesen? Oder waren die Kinder die

Übeltäter? Ich wollte es gar nicht herausfinden, sondern formulierte: »Danke, dass ich mir oder den Kindern vergeben kann.«

Gleich machte ich mich an die Arbeit, die vielen Gerichte, Kuchen und anderen Lebensmittel wegzuwerfen und fügte noch einen Satz hinzu: »Danke Gott, dass wir es uns leisten können, alles wegzuwerfen, ohne dass es uns in eine finanzielle Krise stürzt.«

Mir wurde bewusst, dass schimpfen und wütend sein so viel Kraft kostet, die ich doch anders besser nutzen könnte.

Wenn ein Kind krank wird ...

Dankbarkeit gibt unserem Leben Stabilität. Ich bemühe mich wirklich in allen Dingen zu danken.

Eine Extraportion Liebe ...
Wenn ein Kind krank wird, überlege ich, wie ich dieses Kind jetzt besonders verwöhnen kann. Wie kann ich ihm Liebe schenken? Braucht es vielleicht diese Extraportion Zuwendung? Ärzte sprechen von Krankheitsgewinn. Auf der einen Seite ist es schlimm, krank zu sein, auf der anderen Seite steht man auf einmal im Mittelpunkt der Familie. Man wird bedauert, besucht, beschenkt. Es gibt eine Auszeit von Erziehung und Strafe.

Neulich fragte ich unsere sieben Kinder: »Wann fühlt ihr euch von mir besonders geliebt?« Ein Sohn sagte ohne zu Überlegen: »Wenn ich krank bin und du mir frisch gepressten Orangensaft ans Bett bringst.«

Persönlich habe ich auch viele gute Erinnerungen an Erkältungen im Kindesalter. Meine Mutter war zwar berufstätig, sodass ich morgens allein war, aber direkt nach der Arbeit kam sie an mein Bett und ich durfte mir etwas wünschen, das sie mir dann aus der Stadt mitbrachte.

Versuchen Sie doch die Krankheit eines Kindes auch zur Beziehungsvertiefung zu nutzen.

Wenn die Zeit drängt …

Das Auto streikt …

Es ist ein herrlicher Sommertag. Gut gelaunt fahren meine Tochter und ich mit dem Auto zum Flughafen. Wir genießen die gemeinsame Zeit. Gleich haben wir es geschafft. Man kann die Flugzeuge schon starten und landen sehen. Gut zehn Kilometer liegen noch vor uns, als ich plötzlich nicht mehr richtig lenken kann. Ich bremse vorsichtig und fahre das Auto auf den Seitenstreifen. Wir steigen aus und entdecken, dass ein Reifen platt ist.

Das Flugzeug wartet nicht …

Schnell wird uns klar, dass wir den Flughafen mit dem Auto nicht mehr erreichen können.

Was nun? Christine hat noch eine halbe Stunde Zeit zum Einchecken. Wir setzen uns kurz ins Auto und beten: »Herr, danke für diese Situation mit dem Platten. Ich bin gespannt, wie du dieses Problem lösen wirst.« Sekunden später hält ein Auto hinter uns: »Wir haben Sie die ganze Zeit beobachtet und dachten, dass Sie gleich liegen bleiben würden«, bemerkt eine blonde Frau mittleren Alters. »Können wir Ihnen helfen?« » Oh ja«, erwidere ich erleichtert. »Meine Tochter müsste dringend zum Flughafen.« »Kein Problem«, sagt der Mann: »Wir würden sowieso Richtung Flughafen fahren.« Schnell wird das Gepäck umgeladen, eine kurze Umarmung und schon ist meine Tochter auf dem Weg zum Flughafen.

Hilfe von gegenüber …

Ich atme einmal tief durch und denke darüber nach, wie es mit mir jetzt weitergehen wird. Soll ich wirklich in meinem langen, weißen Sommerkleid einen Reifen wechseln? Der Gedanke fällt mir schwer. Ich sehe mich um und entdecke, auf der gegenüberliegenden Straßenseite zwei Italiener vor ihrer Pizzeria stehen. Sie scheinen mich schon eine Weile zu beobachten. Ob ich sie fragen soll?

Nicht mehr zu stolz …

Früher wäre ich zu stolz gewesen, einen Mann um Hilfe zu bitten. Ich hatte einen Pannenkurs für Frauen besucht und dachte, dass Männer und Frauen alles gleich gut können. Wie hatte ich mich doch verändert. Ich beschloss, die Italiener zu fragen, ob sie Zeit und Lust hätten, meinen Reifen zu wechseln. In Windeseile war die Arbeit getan und auf meine Frage, ob ich ihnen etwas schuldig sei, meinten sie: »Das ist doch Ehrensache, einer Frau zu helfen, den Reifen zu wechseln.«

Dankbar für Männer und ihre Stärken ...

Auf dem Nachhauseweg denke ich, dass wir viel gegenseitige Wertschätzung erleben, wenn wir uns als Mann und Frau in unseren unterschiedlichen Stärken achten, und ich freue mich darüber, wie Gott mein Gebet beantwortet hat.

»Ich suche Lösungen statt Probleme!« Könnte das ein Lebensmotto werden? Mein Leben wurde einfacher, als ich lernte über Lösungen dankbar zu sein, anstatt über Probleme zu klagen.

Wenn das Fahrrad platt ist ...

Man kann es lernen, dankbar zu werden. Es scheint aber auch Menschen zu geben, denen Dankbarkeit mit in die Wiege gelegt wird.

Andreas geht in die erste Klasse und fährt immer mit dem Fahrrad zur Schule. Seine Mutter kocht gerade das Mittagessen, als er anruft: »Mama, kannst du mich bitte abholen, mein Reifen am Fahrrad ist platt.« Die Mutter macht alle Herdplatten aus und fährt zur Schule. Als sie dann zusammen im Auto sitzen, erzählt Andreas: »Ich war schon auf dem Nachhauseweg, als mich zwei Mädchen fragten: ›Warum schiebst du denn dein Fahrrad? Wie weit musst du denn? Willst du nicht lieber deine Mutter anrufen, damit sie dich abholt?‹ Und dann haben sie mir erzählt, dass ich in Notfällen im Sekretariat zu Hause anrufen könne.« Ausgeglichen und fröhlich schiebt er sein Fahrrad in die Garage.

Beim Mittagessen möchte Andreas beten. Er bedankt sich bei Gott mit folgenden Worten:

- »Danke, dass mir die beiden Mädchen geholfen haben.«
- »Danke, dass Mama sofort am Telefon war und mich abholen konnte.«
- »Danke für das leckere Essen.«

Die Mutter ist tief beeindruckt. Keine Rebellion, kein Selbstmitleid, nur Dankbarkeit für die gute Lösung.

Manchmal können wir von Kindern viel lernen, denkt sie.

Gottes Gebote halten – trotz allem

Mein Mann fragte mich einmal: »Was müsste passieren, damit du eine Arche bauen würdest? Wohlgemerkt: ein Schiff mitten auf dem platten Land, wo weit und breit kein Wasser ist, wo jeden Tag Menschen kommen, um dich zu verspotten und du selbst auch deine Zweifel bekommst, ob das wirklich Gottes Wille ist?«

> Fängt Gott in der Beziehung zu uns gleich damit an, so einen großen Glaubensschritt von uns zu verlangen?

Nein, Noah hat bestimmt nicht gleich mit der großen Arche angefangen. Er wird vorher schon viele kleine »Archen« gebaut haben. Viele Vorerfahrungen mit Gott waren notwendig. Immer wieder hat er erlebt, dass Gott zu seinem Wort steht und dass er ihn nicht auf Irrwege führt.

Ich möchte Sie daran teilhaben lassen, an den vielen kleine und großen Archen, die Gott mit mir schon gebaut hat.

Wenn mir etwas gestohlen wird …

Am 7.11.2000 wurde nachts in unserer Wohngegend in mehreren Garagen eingebrochen. Auch uns wurde ein Fahrrad gestohlen. Unvorsichtigerweise hatten wir weder Garage noch Fahrrad abgeschlossen.

Meine spontane Reaktion war: »Jesus, ich bitte dich, dass der Täter gefasst und das Fahrrad gefunden wird. Es ist unser Eigentum.« Die Polizei kam nach kurzer Zeit und fragte, ob die Garage abgeschlossen gewesen sei.

Lüge oder Wahrheit?
In Windeseile spielte ich beide möglichen Antworten durch.

Antwort 1: Ich sage die Wahrheit und bekomme keinen Cent von der Versicherung.

Antwort 2: Ich lüge und würde Geld von der Versicherung für ein neues Fahrrad bekommen, aber dafür ein schlechtes Gewissen in Kauf nehmen müssen.

Wie hätten Sie geantwortet?

Ich entschied mich für die Wahrheit. Ein paar Tage später kam Besuch. Ich erzählte vom Diebstahl, worauf mein Gast meinte: »Für die Versicherung war die Garage doch abgeschlossen, oder?« Ich verneinte und erzählte von meinem Leben mit Gott und dass es mir wichtig sei, seine Gebote zu halten. Daraufhin staunte der Besuch: »Also kostet dich Christsein etwas.« Dieser Satz traf mich.

Christsein hat einen Preis

Wo kostete mich Christsein etwas? Mir fiel die Steuererklärung ein; die Angebote, Gegenstände schwarz reparieren zu lassen; der Einkauf, als sich die Verkäuferin zu meinen Gunsten verrechnete. Ja, es kostete mich etwas. Am meisten kostet es mich, meinen Standpunkt zu erzählen, anders zu sein, vielleicht abgelehnt und als Spinner dargestellt zu werden.

Das Fahrrad wird gefunden ...

Einige Tage später werde ich auf dem Weg zu unserem Haus von einem Nachbarn begrüßt: »Ute, dein Fahrrad scheint gefunden zu sein. Hast du schon die Notiz gelesen? Du warst doch die einzige, die sagte, dass eure Garage unverschlossen war.« Ich öffne den Briefkasten und lese: »Die Polizei informiert: ›Es ist ein Fahrrad gefunden worden. Der Dieb bestehe darauf, dass er es aus einer unverschlossenen Garage gestohlen habe. Wenn es Ihr Fahrrad ist, melden Sie sich bitte.‹« Ich rufe umgehend die Polizei an und kann mein Fahrrad noch am gleichen Tag abholen.

Was wäre, wenn ...

Was wäre, wenn ich gelogen hätte? Ob ich das Fahrrad dann auch zurückbekommen hätte? Ich glaube, dass Gott uns öfters prüft. Sind wir treu, auch wenn wir dadurch vielleicht Nachteile in Kauf nehmen müssen? Ich habe für mich beschlossen, dass ich lieber wahrhaftig sein möchte, auch wenn ich dann auf Grund meiner Ehrlichkeit nichts von der Versicherung erhalten würde.

Glauben steckt an ...
Begeistert habe ich dieses Erlebnis einer Frau erzählt. Als ihr ein halbes Jahr später ihr Auto gestohlen wird, erinnert sie sich sofort an meine Geschichte und betet: »Jesus, wenn du Ute das Fahrrad wiedergeben kannst, dann mir auch das Auto.« Drei Tage später wird ihr Auto gefunden. Ob sie es ohne Gebet auch wieder bekommen hätte?

Gott möchte gebeten werden ...
Gott sagt in seinem Wort im *Jakobus 4,2: Ihr habt nichts, weil ihr nicht bittet.* Und im *1. Johannes 3,21-22: ... so haben wir Zuversicht zu Gott, und was wir bitten, werden wir empfangen; denn wir halten seine Gebote und tun, was vor ihm wohlgefällig ist.*

Gott ist immer meine erste Adresse, an den ich meine Bitten richte.

Lassen Sie sich ermutigen, ihn zu bitten und erkennen Sie in der ein oder anderen Krise, wie wichtig es Ihnen wirklich ist, seine Gebote zu halten.

Wenn die Vorfahrt genommen wird ...

Martin ist mit dem Fahrrad auf dem Weg zur Arbeit. Es ist Winter und die Straßen sind vereist. Plötzlich muss er eine Vollbremsung machen, da ein Autofahrer ihm die Vorfahrt nimmt. Das Fahrrad rutscht und schon liegt Martin auf dem Boden. Als er so richtig losschimpfen will, kommt ihm der Gedanke: »Hatte ich meinen Kindern nicht erst gestern erzählt, dass man segnen statt fluchen soll?« Er versucht aufzustehen. Alles tut ihm weh. Doch er betet: »Jesus, ich vergebe dem Autofahrer und segne ihn, damit er keinen Unfall verursacht.« Zu seinem großen Erstaunen verschwinden seine Schmerzen sofort und er bekommt auch keine blauen Flecke.

Lassen Sie doch einmal ein Tonbandgerät mitlaufen, wenn Sie oder andere Auto fahren. Sie werden staunen, was man seinen Mitmenschen alles vorwirft und wie man sie beschimpft. Es wird wahrscheinlich nirgends so viel geflucht wie im Straßenverkehr – also ein gutes Übungsfeld, das Segnen zu erlernen.

Martin hat empfunden, dass Gott ihn mit diesem Erlebnis erzogen hat, so wie es in *5. Mose 8,5* geschrieben steht: *So erkennst du doch in deinem Herzen, dass der Herr, dein Gott, dich erzogen hat, wie ein Mann seinen Sohn erzieht.*

> Merken Sie Gottes Erziehung? Welche Geschichte könnten Sie erzählen?

Wenn ich geblitzt werde ...

Birthe ist auf dem Weg zur Schule. Sie ist schon knapp mit der Zeit, aber beschließt trotzdem, die Steuererklärung noch eben beim Finanzamt abzugeben. Doch was war das? Wurde sie nicht gerade von einem hellen Licht getroffen? »Oh nein«, denkt sie. »Ich bin doch gar nicht zu schnell. Ich fahre doch nur 50 km/h.« Sie hält am Straßenrand an und schon fällt ihr Blick auf das Zone-30-Schild und den Radarkasten.

Stress ist ein schlechter Ratgeber ...
Ihr Herz rast und sie ist traurig, dass sie sich wieder hat hetzen lassen. Schon früher hat sie die Erfahrung gemacht, dass Stress ein schlechter Ratgeber ist:

- Schnell noch in den Supermarkt ... und hinterher hatte sie die Geldbörse an einem Stand liegen gelassen.
- Eben noch die Waschmaschine anschalten ... und dabei übersah sie die Papiertaschentücher in der Hosentasche und musste hinterher alle Flusen einzeln wieder abmachen.

Unter Stress ist man einfach nicht so konzentriert und oft in Gedanken mit mehreren Dingen gleichzeitig beschäftigt. Wie konnte sie sich sonst erklären, dass sie das Zone-30-Schild übersehen hat? Birthe beschließt, die Steuerunterlagen an einem anderen Tag abzugeben, damit sie nicht zu spät zur Schule kommt. Sie will lernen, lieber weniger, aber das dafür in Ruhe zu machen.

»Vergib mir Vater, dass ich zu schnell gefahren bin und dass ich mich wieder gehetzt habe«, betet sie auf der Weiterfahrt und wünscht sich, dass in Zukunft der Friede der Gradmesser sein soll, ob sie ihren Tag gut eingeteilt hat: *Zum Frieden hat euch Gott berufen (1. Korinther 7,15).*

> Gehören Sie zu den Menschen, die ein Leben auf der Überholspur leben oder teilen Sie Ihren Tag so ein, dass Unvorhergesehenes immer noch Platz hat?

Schwäche zulassen – weil Gott darin stark ist

Den meisten Menschen fällt es schwer, um Hilfe zu bitten.

- Lieber läuft man eine halbe Stunde zum nächsten Supermarkt, als die Nachbarin zu bitten, ein Kilo Mehl auszuleihen.
- Lieber fährt man dreimal um den Block, als nach dem Weg zu fragen.
- Lieber wuchtet man leise schimpfend den Kinderwagen die Stufen zur Post hoch, anstatt jemanden zu bitten, behilflich zu sein.

Ich habe erst beim dritten Kind angefangen, meine Mitmenschen zu bitten, mir zu helfen. Erstaunlicherweise habe ich nie erlebt, dass mir eine Bitte abgeschlagen wurde.

Bin ich zu stolz zuzugeben, dass mir das Mehl ausgegangen ist? Dass ich den Weg nicht finde? Dass ich nicht stark genug bin, den Kinderwagen allein überall hinzutragen?

Gibt es deshalb so viele einsame und isolierte Menschen, weil wir vergessen haben, uns gegenseitig zu helfen und um Hilfe zu bitten?

Jeder zeigt gerne seine Schokoladenseite und versteckt die Teile seiner Persönlichkeit, die ihm Mühe machen.

Schwäche zuzugeben ist der erste Schritt, mit Schwäche richtig umgehen zu lernen.

Kennen Sie Personen, die sich nicht trauen mit dem Auto in eine andere Stadt zu fahren, weil sie Angst haben, sich zu verfahren? Sie würden so gerne eine Ausstellung, einen Kongress oder ihre Freunde besuchen, aber die Hürde ist zu groß. Vielleicht lächeln Sie über solche Menschen. Ich glaube, dass jeder so eine Art Achillesferse hat, eine Schwachstelle. Ist es bei Ihnen Höhenangst, Angst vor Hunden oder Angst im Aufzug stecken zu bleiben?

Wenn Züge ausfallen ...

Angst vor der Zugfahrt ...
Ich bekam noch bis vor kurzem Angstzustände bei dem Gedanken, mit dem Zug von A nach B zu fahren. Was wäre wenn, war meine ständige Frage.

Es könnte passieren, dass ich zu spät komme, die Tür nicht öffnen kann, am falschen Bahnhof aussteige, einschlafe und damit zu weit fahre, bestohlen werde oder keinen Sitzplatz bekomme. Die Liste ließe sich unendlich verlängern. Ich merkte, dass die Angst mich in Zukunft daran hindern könnte, weitere Vorträge anzunehmen. Ich wollte Veränderung und bat eine Frau, für mich zu beten. Sie gab mir den Rat: »Ute, du musst Bahnfahren wie ein Spiel auffassen.« Dieser Satz gefiel mir und ich beschloss, zu lernen, alles gelassener zu nehmen. Ich wollte erfahren, dass Gottes Frieden mich immer erfüllt, nicht nur in Gottesdiensten oder während der stillen Zeit, sondern auch in Krisensituationen.

Bombendrohung ...
Die nächste Gelegenheit kam. Ich wollte mit dem Zug von Krefeld nach Siegburg fahren, wählte einen durchgehenden Zug und freute mich auf eine Stunde Bahnfahrt ohne Umsteigen. Das schien ja heute eine leichte Übung zu sein. Ich wollte in einem Gymnasium mit Oberstufenschülern über das Thema: »Freundschaft, Liebe und Sexualität« diskutieren und die Zeit im Zug noch zur letzten Vorbereitung nutzen.

Während ich auf dem Bahnsteig stand, hieß es auf dem Nachbargleis: »Achtung, Achtung eine wichtige Durchsage: Der Zug hat leider 15 Minuten Verspätung.« »Die Armen«, dachte ich und fügte hinzu: »Danke Gott, dass es keine Nachricht für mein Gleis war.« In einer Minute sollte mein Zug kommen. Plötzlich ertönten die Lautsprecher direkt über mir: »Liebe Fahrgäste, wir müssen Ihnen leider mitteilen, dass der Zug wegen einer Bombendrohung ausfallen muss. Wir stellen einen Ersatzzug bis Neuss. Bitte steigen Sie in diesen Zug.«

Aufgeben oder weiterfahren ...

Das Herz rutschte mir in die Hose. Ich fühlte mich dieser Situation überhaupt nicht gewachsen. Ohne Ortsgedächtnis war ich mal wieder total aufgeschmissen. Wo liegt Neuss? Und wie geht es von dort aus weiter? Viele Wege führen nach Rom bzw. Siegburg. Ich spielte auch mit dem Gedanken aufzugeben, einfach wieder nach Hause zu gehen und den Vortrag abzusagen. Oder vielleicht könnte ich auch mit dem Auto fahren, mit dem allerdings jetzt gerade meine Tochter unterwegs war. »Na schön!«, dachte ich »Dann wollen wir mal spielen, mit Risiko!«

Was hätten Sie getan?

Vertrauen wagen ...

Ich sprach ein Stoßgebet mit folgendem Inhalt: »Vater im Himmel, ich dachte, dass es dein Plan war, dass ich in Siegburg einen Vortrag halte. Bitte übernimm du die Verantwortung für den weiteren Weg.«

Eine Frau stand neben mir, die ich in meiner Not einfach fragte: »Was soll ich tun? Ich muss nach Siegburg. Soll ich mit nach Neuss fahren?« »Ja, steigen Sie ein, denn in Neuss haben Sie bessere Möglichkeiten, weiterzufahren. Außerdem können Sie im Zug den Schaffner fragen.« In Neuss stand auf dem gegenüberliegenden Gleis ein Zug nach Siegen. »Hört sich ähnlich an, Siegen und Siegburg, aber ist das richtig?« »Ich würde da einsteigen«, meinte die Frau von eben. So saßen wir uns jetzt gegenüber. Kurz bevor sie ausstieg, ergänzte sie: »Ich habe ein gutes Gefühl, dass Sie noch rechtzeitig ankommen.« Ich dachte nur: ›Wie schön für sie, hoffentlich habe ich auch bald Gewissheit.‹ Dann endlich kam der Schaffner. Als ich ihn fragte, ob der Zug nach Siegburg fahren und wann ich da sein würde, meinte er: »15.42 Uhr.« Ich traue meinen Ohren nicht, da das auch die Ankunftszeit ohne Bombendrohung gewesen wäre. Er merkte, dass ich ihm nicht traute und so fügte er etwas genervt hinzu: »Sie müssen es mir schon glauben. Hier stehts schwarz auf weiß.«

Belohnt werden ...

Als ich ausstieg, sagte ich zu der Frau, die mich abholte: »Das ist ein Wunder, dass ich hier bin. Ich kann es immer noch nicht fassen, welche Lektion mir Gott wieder erteilt hat.«

Für ihn ist es kein Problem mich pünktlich irgendwo hinzufahren, auch wenn alles ganz anders aussieht.

Diese Erfahrung hat mich stark gemacht, ihm zu vertrauen. Aber der größte Sieg war, dass ich später nicht primär davon erzählt habe, was mir wieder alles Schlimmes passiert ist und dass diesmal sogar der Zug wegen Bombendrohung ausgefallen sei, sondern wie ich Gottes Handeln in der Krise erlebt habe.

Wie sprechen Sie über Krisen? Sind Sie die reinste Boulevardzeitung? Eine schlechte Nachricht nach der anderen?

Ich gebe zu, dass es manchmal gut tut, das Mitleid der anderen zu bekommen für die vielen Unannehmlichkeiten, die wir durchleben. Aber ich glaube, dass sich Gott mehr darüber freuen würde, wenn wir uns in Krisen an ihn wenden und mit seinem Eingreifen rechnen. Er hat versprochen in meiner Schwäche Stärke zu zeigen.

2. Korinther 12,9: ... denn meine Kraft ist in den Schwachen mächtig.

Vergeben – mit Gottes Hilfe

Aber auch wenn es in unseren Augen nicht gut ausgeht, will Gott mit uns gehen. Haben Sie schon mal erlebt, dass Gott Sie getröstet hat? In der Bibel steht in *Jesaja 66,13: Ich will euch trösten, wie einen seine Mutter tröstet.*

Mein Wunsch ist es, dass Gott Menschenherzen berühren kann, dass wir ihn an uns heran lassen, ehrlich mit uns und ihm sind. Wir brauchen eine Begegnung mit dem lebendigen Gott, um geheilt zu werden.

Die Zeit heilt keine Wunden. Die Verletzungen scheinen nur im Laufe der Zeit nicht mehr so weh zu tun. Ob wirklich Heilung geschehen ist, merken wir aber erst, wenn wir dem Menschen, der die Wunde verursacht hat, gegenüber stehen oder wenn uns eine ähnliche Person oder Situation begegnet, die uns an das Geschehene erinnert. Ein Werkzeug, das Gott uns zur Heilung anbietet, ist die Vergebung.

Wenn andere versagen ...

Bei Monika wird im Mai 2000 der Verdacht auf Eierstockskrebs geäußert und so wird sie zur Totaloperation ins Krankenhaus eingewiesen. Die Operation verläuft gut und alle sind erleichtert, als die feingewebliche Untersuchung ergibt, dass der Tumor wider Erwarten gutartig ist.

Schmerzen werden nicht ernst genommen ...

Die Wundheilung verläuft gut, aber irgendwie hat sie unerklärlich starke Schmerzen. Auf einer Skala von 1-10 würde sie ihre Schmerzen bei 8-9 einordnen. Als sie am vierten Tag aufgefordert wird, eine Flasche Wasser selbst vom Flur zu holen, sagt sie nur: »Ich schaffe es nicht.« Schwestern und Ärzte schauen auf den Bauch, untersuchen ihn mit den Händen und können nichts feststellen, was die Schmerzen verursachen könnte. Die Schmerzmitteldosis wird erhöht, aber es tritt nur geringe Linderung ein. Am nächsten Tag wird sie aufgefordert, aus dem Bett aufzustehen und am Tisch im Krankenzimmer zu essen. Sie hat wieder Schweißausbrüche und wahnsinnige Schmerzen. »Ob die Schwestern und Ärzte mir überhaupt glauben?«, geht es ihr durch den Kopf. »Am vierten Tag nach der Operation scheinen alle Patienten schon aufzustehen und keine Beschwerden zu haben. Was ist nur los mit mir? Kann ich wirklich nichts mehr aushalten? Ich bin doch sonst nicht so zimperlich.« Sie nimmt sich zusammen, steht auf und setzt sich unter massiven Schmerzen an den Tisch.

Eine zweite Operation wird nötig ...
Plötzlich eröffnet sich die Naht an ihrem Bauch und es wird klar, warum sie so furchtbare Schmerzen hat: Das Gewebe unter der Naht hatte sich entzündet. Nachmittags kommt der Oberarzt und meint: »Wir müssen Sie wieder operieren und werden die Wunde wahrscheinlich offen zuheilen lassen müssen. Das könnte dann 2-3 Monate dauern.« Monika ist verzweifelt. Sie hat keine Kraft mehr, hat sie doch gerade erst eine große Operation überstanden, danach Tage voller Schmerzen erlebt und wenig gegessen. Sie bittet Freunde und Bekannte für sie zu beten. Dann kommt die zweite Operation. Als sie aus der Narkose aufwacht, stellt sie fest, dass die Ärzte es gewagt haben, den Bauch wieder zuzunähen Am 13. Tag wird Monika entlassen. Laut Arzt wüssten sie erst in 2-3 Wochen, ob sie noch einmal operiert werden müsse.

Zu Hause kommt sie auch nicht richtig zu Kräften, sie fühlt sich schwach und muss nachts mehrmals das vom Schwitzen feucht gewordene Nachthemd wechseln.

Als sie zu ihrem Hausarzt geht, meint er nach ihrem Bericht über ihren Krankenhausaufenthalt: »Sie haben einfach Pech, Pech und nochmals Pech gehabt. Es ist einfach vieles schief gelaufen.«

Schuld erkennen ...
Auf einmal kann sie weinen, da ihr klar wird: »Menschen sind an mir schuldig geworden. Ich sehe nicht mehr weg, ich schaue hin. Andere haben lieblos an mir gehandelt. Ich bin nicht ernst genommen worden, man hat mich tagelang zwar gehört, aber nicht verstanden. Man hat sich auf den Druck der Hände verlassen, anstatt eine Sono-

grafie anzuordnen, auf der man die Eiteransammlung gesehen hätte. Das war falsch.«

Monika will Schuld

- nicht entschuldigen,
- nicht verdrängen,
- nicht verharmlosen.

Schuld nicht entschuldigen ...
Wie leicht entschuldigt man Schuld. Dann würde Monika denken: »Die Ärzte haben so viel zu tun. Wahrscheinlich war der für Ultraschall zuständige Arzt gerade in Urlaub. Vielleicht habe ich mich nicht klar genug ausgedrückt.«

Schuld nicht verdrängen ...
Wie leicht verdängen wir Schuld. Wir wollen nicht wahrhaben, dass andere an uns schuldig werden. »Was nicht sein darf, das nicht sein kann«, sagt der Volksmund. Aber leider macht jeder Mensch Fehler, auch Ärzte machen Fehler und hier sind an Monika Fehler gemacht worden.

Schuld nicht verharmlosen ...
Wie leicht verharmlost man Schuld. Es ist doch noch mal alles gut gegangen. Es hätte viel schlimmer kommen können.

Das Recht auf Rache aufgeben ...

> Mit Schuld in Gottes Sinne umgehen, heißt: Schuld beim Namen zu nennen und dann das Recht auf Rache an Gott abgeben. Nichts anderes ist vergeben.

Das ist der Schlüssel für jeden von uns, um nicht bitter zu werden.

Als erstes sollten wir ehrlich sein und uns die Schuld bewusst machen, die Eltern, Kinder, Lehrer, Ärzte, Pastoren, Freunde an uns getan haben. Auch wenn es weh tut, ist es ganz elementar, dass die Gefühle zugelassen werden. Wut, Trauer und Verzweiflung zeigen den Weg zur gründlichen Heilung der Verletzung. Weinen reinigt die Wunde sozusagen. Lassen Sie deshalb die Tränen zu! Dabei ist es wichtig, dass wir uns Zeit lassen. Vergebung sollte nicht überstürzt geschehen, ohne es wirklich zu meinen.

Wir sind oft im Zwiespalt. Ehre Vater und Mutter heißt dann: »Sag nichts Schlechtes über sie, schon gar nicht, dass sie an dir schuldig geworden sind.« Aber es gibt keine perfekten Menschen. Es passieren Fehler, furchtbare Fehler, und wir kommen nicht weiter, wenn wir sie vergraben, sondern nur, wenn wir sie ansehen und vergeben.

Monika will nicht bitter werden und so vergibt sie den Schwestern und Ärzten von ganzem Herzen. Sogleich spürt sie, wie neue Kraft in sie kommt. In der nächsten Woche darf sie erleben, dass die körperliche Heilung schnell voran schreitet.

Gott bewahrt uns nicht vor allem, aber er hilft, das Unfassbare tragen zu können. Wir sind dazu berufen, mit Schuld in Gottes Sinn umzugehen.

Wenn andere mir etwas kaputt machen ...

Im unbeobachteten Moment ...

Stefan ist 9 Jahre alt und spielt gerade mit Freunden Fußball, als seine Eltern Besuch von einer Familie mit kleinen Kindern bekommen. Der fünfjährige Christian geht unbemerkt in Stefans Zimmer und fängt an, mit den Autos zu spielen. Plötzlich sieht er auf dem Schrank ein Parkhaus. Er steigt auf einen Stuhl, um das Parkhaus herunterzuholen, aber da er noch so klein ist, kann er es nur herunterziehen. Mit einem lauten Krach landet das Parkhaus auf dem Boden. Aufgeschreckt durch das Geräusch, läuft Stefans Mutter ins Kinderzimmer und sieht, dass die Begrenzungen der einzelnen Etagen abgebrochen sind. »Was wird Stefan wohl sagen? Er hatte es gerade erst von seinen Großeltern zum Geburtstag bekommen.«

Trösten statt verklagen ...

Nassgeschwitzt und dreckig kommt Stefan vom Fußballspielen nach Hause. Er strahlt: »Mama, ich habe drei Tore geschossen. Heute ist mein Glückstag.« Er ist schon auf dem Weg nach oben, als seine Mutter ruft. »Stefan, warte, ich muss dir noch etwas sagen. Christian hat dein Parkhaus vom Schrank gezogen, dabei ist es kaputt gegangen.« Stefan bekommt einen roten Kopf und kämpft mit seiner Wut und den Tränen. Dann läuft er in die erste Etage. 20 Minuten später kommt er wieder runter und fragt: »Mama, willst du wissen, was ich gemacht habe?« »Natürlich«, antwortet die Mutter. »Mama, ich bin erst in Anjas Zimmer gegangen, weil ich allein sein wollte. Dann habe ich gebetet, dass Gott mir seine Kraft gibt, zu vergeben. Und weißt du, was mir Gott dann gezeigt hat? Wie furchtbar es ist, jemand anderem etwas kaputt zu machen. Dann habe ich den Jungen noch im Gebet gesegnet, bevor ich zu ihm gegangen bin. Ich habe ihn getröstet und gesagt: ›Es ist nicht so schlimm, dass du mir mein Parkhaus kaputt gemacht hast. Du brauchst keine Angst vor mir zu haben. Ich bin dir nicht böse. Du fühlst dich bestimmt nicht gut, oder?‹«

Wie reagieren Sie auf Verletzungen? Gehen Sie zuerst zu Jesus? Erbitten Sie von ihm Kraft zum Vergeben und Frieden für ein überlegtes Handeln?

Wenn der Rotwein umfällt …

Lea war mit ihrer Familie in eine neue Wohnung gezogen und hatte alle Mitbewohner zum Abendessen eingeladen. Sie hatte ein Drei-Gänge-Menü gezaubert und das gute Geschirr und die Kristallgläser gedeckt. Die Stimmung war gut, alle amüsierten sich, als Frau Schuster sich plötzlich Lea zuwandte: »Sollen wir uns nicht duzen?« Lea fühlte sich überrumpelt und mit der Frage auch etwas überfordert: »Vielleicht später, das geht mir heute irgendwie zu schnell«, war ihre ehrliche Antwort. Frau Schuster wollte nicht so schnell aufgeben, ließ sich noch Wein nachschenken und meinte: »Als Nachbarn müssen wir einfach zusammenhalten.« Beim Gestikulieren stieß sie an das Rotweinglas, das auf die weiße Tischdecke fiel und zerbrach. Sie entschuldigte sich sofort. Es war ihr sichtlich peinlich. Nun folgten viele Ratschläge, wie man Rotweinflecke entfernen könnte, der Tisch wurde abgeräumt und die Tischdecke in die Waschmaschine gesteckt. Leider hatten auf einmal alle den Drang nach Hause zu gehen und die Gesellschaft löste sich auf. Schade, dass der Abend so zu Ende ging.

Rachegedanken wahrnehmen ...
Am nächsten Morgen dachte Lea noch einmal über das Fest nach und war traurig: »Ich hatte mir doch so viel Mühe gegeben. Frau Schuster hat den ganzen Abend kaputt gemacht. Musste sie denn so ungeschickt sein und das Rotweinglas umkippen? Ich habe gar keine Lust, ihr auf dem Flur zu begegnen.« Sie versank so richtig in Selbstmitleid. Wie sollte es nur weiter gehen? Frau Schuster hatte sich zwar bei ihr entschuldigt, aber wenn sie ehrlich war, spürte sie immer noch Ablehnung bis hin zu Rachegedanken. Vergeben schien ihr zum jetzigen Zeitpunkt noch unmöglich. Sie wollte diese negativen Gedanken noch nicht loslassen.

Über den eigenen Schatten springen ...
Wie jeden Morgen las sie auch heute in der Bibel und betete. Sie bat Gott um Wegweisung für den Tag. Dabei empfand sie den merkwürdigen Gedanken, einen Blumenstrauß kaufen zu sollen, um ihn Frau Schuster zu schenken. Zunächst wehrte sie sich heftig und dachte: »Eigentlich müsste die Nachbarin mir Blumen kaufen.« Doch nach einer Stunde innerer Auseinandersetzung ging sie in die Stadt, kaufte einen Strauß Freesien und klingelte an der Tür der Nachbarin. Herr Schuster öffnete, sie wurde hereingebeten und etwas ungläubig betrachtet. Dann stammelte Lea: »Ich wollte Ihnen nur sagen, dass der Rotweinfleck ganz weg ist. Außerdem habe ich Ihnen ein paar Blumen gekauft. Wenn Ihr Angebot mit dem ›Du‹ immer noch gilt, möchte ich es gerne annehmen. Es tut mir Leid, dass ich gestern zunächst etwas abweisend reagiert habe. Ich nehme Ihre Entschuldigung gerne an.«

Wie schnell kann eine Beziehung zerbrechen, bevor sie angefangen hat. Oft sind es Kleinigkeiten, die Unfrieden stiften. Gott will uns die Kraft geben, Entschuldigungen anzunehmen und zu vergeben. Wie gut, wenn wir den ersten Schritt gehen können, um Versöhnung zu erleben.

Wenn ich nicht gesehen werde ...

Die meisten Verletzungen geschehen unabsichtlich. Wie oft interpretieren wir die Handlungen unserer Mitmenschen falsch?

Nichtgrüßen wird zum Problem ...

Frau Müller geht in die Stadt. Auf der anderen Seite der Straße läuft Frau Weber. Frau Weber ist total in Gedanken, da ihre Tochter im Krankenhaus liegt. »Wie wird es wohl mit ihr weitergehen. Habe ich die Kraft, sie täglich zu besuchen?«, geht es ihr durch den Kopf. Frau Müller versucht Frau Weber zu grüßen, aber ohne Erfolg. »Was hat sie wohl gegen mich?«, denkt Frau Müller. »Habe ich ihr etwas getan? Als wir uns das letzte Mal sahen, war sie doch so freundlich. Wahrscheinlich will sie mich nicht sehen.« Und schon wird ein Keil zwischen die beiden geschoben. Dabei hat Frau Weber Frau Müller in Wirklichkeit gar nicht wahrgenommen.

Sich ärgern kann krank machen ...

»Ich ärgere mich über ....«, sagt die deutsche Sprache. Wenn wir uns die Begebenheit zwischen den beiden Frauen noch mal ansehen, wird deutlich: Frau Müller hat sich über Frau Weber geärgert. Sie kann nicht sagen: »Frau Weber hat mich geärgert.« Wenn sie nämlich bei Frau Weber nachgefragt hätte, wäre herausgekommen, dass sie Frau Müller wirklich nicht gesehen hat.

> In welchen Situationen ärgere ich mich und beschäftige mich immer wieder mit meinem Gekränktsein? Das kann so stark werden, dass ich ein Magengeschwür oder einen Herzinfarkt bekomme, wenn ich meinen Ärger nicht loswerde.

Schon aus reinem Egoismus, um nicht krank zu werden, wäre es gut zu vergeben. Wo tragen Sie noch Sätze und Verletzungen mit sich herum? Ist jetzt nicht ein guter Tag, sich davon zu lösen?

> Haben Sie schon einmal erlebt, dass sich Menschen von Ihrem Verhalten verletzt fühlten, obwohl Sie nichts dafür konnten?

Manche Leute reagieren wie Registrierkassen. Meistens erst in einem Streit hört man dann folgende Sätze:

- Vor fünf Jahren hast du mir nicht zum Geburtstag gratuliert, obwohl du wusstest, wie wichtig mir mein Geburtstag war.
- Ich habe dir auf den Anrufbeantworter gesprochen, aber du hast nicht zurückgerufen.
- Du hast in meiner Gegenwart bewusst erzählt, wie leicht deine Fahrprüfung war, um mich vor den anderen zu beschämen, die wussten, dass ich beim ersten Mal durchgefallen bin.

In meinem Leben habe ich daraus folgenden Schluss gezogen: Wenn mich ein Verhalten verletzt, habe ich zwei Möglichkeiten damit umzugehen:

Entweder ich vergebe sofort und vergesse den Zwischenfall.

Oder ich spreche mit der Person und frage nach, wie sie es gemeint hat.

Ich bin nicht mehr bereit, Verwundungen tage- oder jahrelang mit mir herumzutragen.

Wenn ein Geheimnis ausgeplaudert wird ...

Katze, Maus und Käse ...
Immer wieder erinnere ich mich gerne an folgendes Bild: Eine kleine Maus isst genüsslich einen Käse. Die Maus fühlt sich sicher und lacht, da sie unter einer gläsernen Käseglocke sitzt. Sie schaut dabei einer großen, angriffslustigen, dunklen Katze in die Augen, die sich übermächtig über die Käseglocke beugt. Die Zähne sind schon gefletscht. Die Pfoten liegen auf der Käseglocke, aber die Katze hat keine Chance.

Du deckst mir den Tisch ...
Das Bild soll dem Betrachter *Psalm 23,5* vor Augen malen: *Du bereitest vor mir einen Tisch im Angesicht meiner Feinde.* Viele Menschen

kennen diese Worte auswendig. Aber haben Sie schon mal darüber nachgedacht, wie Sie diese Aussage in den Alltag übersetzen können? In dem Bild wäre ich die Maus, das ist offensichtlich. Aber wer ist die Katze und was versinnbildlicht der Käse?

Die »Katze« ...

Wenden wir uns zunächst der Katze zu. Fühlen Sie sich auch manchmal im Angesicht von Feinden? Jeder Mensch kann zum Feind werden. Der Chef, unsere Arbeitskollegen, ja selbst unsere Kinder, Ehepartner, Eltern, Bekannte und Freunde werden manchmal von uns als bedrohlich erlebt. Eigentlich alles, was unser Leben schwer macht, kann wie ein Feind empfunden werden. Also auch Haltungen wie Eifersucht, Neid und Jähzorn.

Wenn ich mich so ohnmächtig in diesen Situationen fühle, kann es mir helfen, mir bewusst zu machen, dass Gott mir verspricht, dass zwischen mir und den »Feinden« eine durchsichtige Käseglocke ist. Ich kann die Feinde sehen, aber ich bin geschützt.

Der »Käse« ...

Außerdem deckt er mir auch noch den Tisch. Wissen Sie womit? Im Bild war es Käse. Übertragen könnte der Käse für *Liebe, Freude, Frieden, Geduld, Freundlichkeit, Güte, Treue, Sanftmut, Enthaltsamkeit, Selbstbeherrschung und Vergebungsbereitschaft stehen.* Das sind alles Gaben, die der Heilige Geist uns schenken und in uns entwickeln möchte *(nach Galater 5,22).* Jetzt ist es an uns, am gedeckten Tisch nicht zu verhungern.

Maria, die »Maus« ...

Ich hatte Maria von den Gedanken über den 23. Psalm erzählt. Eine Woche später rief sie mich an. »Stell dir vor, was mir passiert ist. Ich habe einer Frau ein Geheimnis anvertraut mit der Bitte es nicht weiterzuerzählen. Aber jetzt habe ich erfahren, dass sie es doch getan hat. Ich war tief verletzt und wütend zugleich. Doch dann dachte ich an den gedeckten Tisch und mir wurde klar, dass es jetzt auf meine Entscheidung ankam, bitter zu werden und unvergeben zu bleiben, oder am gedeckten Tisch Frieden zu finden. Nach kurzem Kampf betete ich: ›Herr Jesus, danke, dass auf dem Tisch so viele Gaben liegen, die ich jetzt alle brauche. Ich komme zu dir und nehme mir davon Vergebungsbereitschaft. Ich vergebe Ruth, dass sie mein Geheimnis ausgeplaudert hat. Und dann nehme ich noch Frieden für mein aufgewühltes Herz. Und außerdem brauche ich noch Sanftmut und Liebe, denn ich will mit Ruth darüber reden.‹ Eine große Fröhlichkeit erfüllte mein Herz. Kurz darauf rief meine beste Freundin an. Ich war schon in der Versuchung ihr meinen Schmerz zu erzählen, als eine feine Stimme mich fragte: ›Ich dachte, du hast vergeben. Bitte erzähl es jetzt nicht. Sie muss es nicht wissen. Du belastet sie und sie kann nicht mehr unbefangen mit Ruth umgehen.‹ Ich war beschämt und verstummte sofort.«

Verhungern Sie auch manchmal am gedeckten Tisch? Oder können Sie im Angesicht der Feinde, also mitten in den Krisen, einen kühlen Kopf bewahren und sich an Gottes mit vielen Gaben gedecktem Tisch bedienen? Gott stellt alles zur Verfügung, damit Sie vergeben und mit Menschen in Frieden leben können.

Ehrlich werden – vor Gott (und Menschen)

Sind Sie ehrlich mit sich, den Mitmenschen und Gott? Oder tragen Sie Masken? Es gibt viele unterschiedliche Masken. Eine Maske sagt dem Gegenüber: »Es geht mir immer gut. Ich habe alles im Griff.« Eine andere signalisiert das komplette Gegenteil: »Alles ist so schrecklich. Ich bin immer benachteiligt.«

Ich spiele den anderen etwas vor, manchmal bewusst, aber oft auch ohne mir darüber selbst im Klaren zu sein.

Es gibt auch fromme Masken. »Mit Gottes Hilfe geht es mir gut«, antwortet mir eine Frau auf die Frage, wie es ihr in ihrer Ehe ginge. Auf Nachfragen erfahre ich, dass sie von ihrem Mann sogar geschlagen wird und eigentlich nicht mehr ein noch aus weiß.

Meistens setzt Hilfe erst dann ein, wenn ich ehrlich werde und mich mit meiner Situation auseinandersetzen will. Der Leidensdruck muss einen bestimmten Pegel erreicht haben, damit ich zur Veränderung bereit bin. Ansonsten verstecke ich mich lieber hinter meiner Fassade. Erst wenn ich zugebe, dass ich ein Problem mit Eifersucht, Alkohol, Untreue oder Esssucht habe, bin ich bereit, Hilfe in Anspruch zu nehmen.

Wenn ich alkoholkrank bin …

Markus und Marieluise haben eine alleinstehende Frau mit Namen Mira bei sich aufgenommen, die ihnen erzählt hat, dass sie nur deshalb ab und zu Alkohol trinkt, weil sie so einsam ist. In den nächsten drei Monaten wollen sie jeden Tag Gemeinschaft haben, beten und glauben, dass Gott Mira von Alkohol frei macht, wenn sie nicht mehr so allein ist und sie zusammen dafür eintreten. Mira verspricht während der drei Monate keinen Alkohol zu trinken. An einem Morgen kommt Mira nicht zum Frühstück. So klopft Marieluise an ihr Zimmer und fragt: »Mira, musst du heute nicht zur Arbeit? Es ist schon 7.30 Uhr.« Mira ist noch im Bett und erklärt: »Ich habe heute morgen wieder so furchtbare Kopfschmerzen. Hast du nicht eine Schmerztablette für mich? Ich glaube nicht, dass ich zur Arbeit gehen kann.« Irgendwie kommt Marieluise das Ganze komisch vor und sie bohrt: »Hast du dich an dein Versprechen gehalten, hier in unserer Wohnung keinen Alkohol zu trinken?« Nach und nach kommt heraus, dass Mira am Vorabend noch zur Tankstelle gegangen ist und eine halbe Flasche Korn getrunken hat. Daher rührten auch die Kopfschmerzen. Marieluise und Markus wird klar, dass sie mit Mira überfordert sind. Sie konfrontieren sie mit ihrer Alkoholsucht und dass sie jetzt schon zweimal das Versprechen gebrochen hätte. Dann raten sie ihr zu einer Entziehungskur. Leider ist sie nicht einsichtig. Sie will am Arbeitsplatz nicht zugeben, dass sie ein Problem mit Alkohol hat.

Das sind schmerzhafte Erfahrungen, die viele von uns machen. Wir können nur heil werden, wenn wir ehrlich sind und zugeben: »Ja, da habe ich ein Problem, das ist mein Krisenherd.«

Wenn mein Vorgesetzter mir das Handeln diktiert ...

Ein junger Assistenzarzt erzählte mir seine Erfahrung mit einer jungen, dreißigjährigen Frau, die am schwarzen Hautkrebs erkrankt war. Über zwei Jahre kam Frau Milos in regelmäßigen Abständen in die Klinik. Sie lag immer auf seiner Station und vertraute ihm. Er hatte ihr die Wahrheit über den bösartigen Hauttumor gesagt, sie auf die bevorstehende Operation vorbereitet und die Nachsorge durchgeführt. Nun war sie wieder eingewiesen worden. Sie sah schlecht aus, bekam kaum Luft und schaute ihn mit fragenden Augen an. Er ordnete eine Röntgenaufnahme der Lunge an, die er sich zusammen mit dem Oberarzt anschaute und die viele Tochtergeschwülste zeigte. Sie würde nicht mehr lange zu Leben haben. Der Oberarzt betonte: »Wir sagen ihr, dass sie eine Lungenentzündung habe. Ich verbiete Ihnen, ihr die Wahrheit zu sagen.« Mit dieser Absprache gingen die beiden Ärzte an ihr Bett. Der Oberarzt erklärte Frau Milos, dass die Luftnot mit großer Wahrscheinlichkeit von einer Lungenentzündung käme, die er mit Antibiotika behandeln wolle. Sie könne dann in einer

Woche wieder nach Hause gehen. Dem Assistenzarzt war ganz flau im Magen, aber was sollte er tun? Er war noch in der Ausbildung zum Facharzt. Am Nachmittag ging er noch einmal zu Frau Milos ins Zimmer, um das Antibiotikum zu spritzen. Sie schaute ihn mit großen, fragenden Augen an: »Ich glaube dem Oberarzt nicht. Sagen Sie mir bitte die Wahrheit, Ihnen vertraue ich.« Er konnte nicht anders. Er bestätigte, was der Oberarzt gesagt hatte. Eine Woche später wurde sie entlassen, obwohl es ihr nicht besser ging.

Drei Monate nach der Entlassung wurde der Assistenzarzt von einer jungen Frau, die sich als Freundin von Frau Milos vorstellte, aufgesucht. Sie erklärte ihm, dass Frau Milos letzte Woche verstorben sei und dass sie sie mit folgendem Auftrag zu ihm schicken würde: »Bitte erkläre dem Arzt, dass ich über seine Lüge beim letzten stationären Aufenthalt sehr traurig gewesen sei. Er hatte mir dadurch wertvolle Zeit genommen, mich mit meinen Mitmenschen auszusöhnen. Aber sag ihm auch, dass ich ihm angesichts des Todes vergeben habe.«

Ich spürte beim Erzählen, wie tief ihn diese Begegnung getroffen hatte und verstand, dass er an dem Tag die Kraft bekam, sterbenskranken Menschen in Zukunft in Liebe die Wahrheit zu sagen, auch wenn ein Vorgesetzter ihn zu anderem Handeln aufforderte.

> Wollen Sie es wissen, wenn sie selbst todkrank sind? Und sind Sie bereit, mit Ihren Angehörigen ehrlich zu sein?

Wenn mein Vater im Sterben liegt ...

Angelika bekommt einen Anruf von ihrem Vater. Er sagt: »Ich möchte dir nur sagen, dass ich gleich ins Krankenhaus gehe. Ich bin erkältet und habe Schmerzen im rechten Oberbauch. Außerdem bekomme ich schlecht Luft.« Ihr Vater kann schlecht sprechen. Sie legt auf und hat ein komisches Gefühl in der Magengegend. Es ist schon 18.30 Uhr. Sie sind gerade beim Abendessen. Angelika schaut ihren Mann an, erzählt kurz vom Anruf und sagt dann: »Ich möchte ihn begleiten. Habt ihr etwas dagegen?« Auch ihr Mann würde gerne mitfahren. Erstaunlicherweise sagen die Kinder sofort, dass sie auch alleine ins Bett gehen können. Sie rufen noch kurz den Vater an, dass er warten möge, und schon sitzen sie im Auto. 50 km liegen vor ihnen. Der Vater ist 80 Jahre alt und klagt schon länger über Bauchschmerzen und Luftnot. Was mag das bedeuten?

Im Krankenhaus wird die Lunge abgehört. Es scheint nur eine Grippe zu sein, nichts Ernstes meint der diensthabende Arzt. Sie machen noch eine Ultraschalluntersuchung des Oberbauches und eine Lungenröntgenaufnahme.

Sollen wir die Wahrheit sagen?

Am nächsten Tag haben Angelika und ihr Mann ein Gespräch mit dem behandelnden Stationsarzt, bei dem sie erfahren, dass der Vater Tochtergeschwülste eines noch unbekannten Tumors in der Lunge und Leber habe. »Wie und was sollen wir Ihrem Vater sagen?«, fragt der Arzt Angelika. »Was kann er verkraften?« Sie antwortet: »In unserer Familie haben wir immer die Wahrheit miteinander gesprochen, auch wenn es schwer war. Ich kann und will meinen Vater nicht belügen. Außerdem ist mein Vater ein gläubiger Mensch.« Zusammen gehen sie zum Vater aufs Zimmer und sagen ihm, dass er ein sterbenskranker Mann sei, voller Krebs, und dass es sehr ernst sei. Angelikas Vater ist gefasst, kämpft mit den Tränen und dreht dann seinen Kopf zu ihr und sagt: »Dann heißt es wohl Abschied nehmen. Wie gut, dass ich in den letzten Monaten schon so viel aufgeräumt und verschenkt habe.« Angelika fragt ihren Vater noch: »Vater, war es richtig, dir die Wahrheit zu sagen?« Er nickt und sagt: »Ja, außerdem habe ich es schon die ganze Zeit gespürt. Irgendwie bin ich auch erleichtert. Ich darf endlich so krank sein, wie ich mich fühle. Ich muss mich nicht zusammennehmen und tun, als ob alles in Ordnung sei.«

Ich denke an den Satz: *Die Wahrheit wird euch frei machen (Johannes 8,32)*. Wie gut, wenn wir diesen Rat auch im Sterben beherzigen.

Ein Sterbeordner zu Lebzeiten ...

Angelika besucht ihren Vater jeden Tag. Sie sprechen über alles, und freuen sich, dass er schon vor 20 Jahren einen »Sterbeordner« angelegt hat, den sie an einem Nachmittag zusammen durchsprechen.

- Dort gibt es eine Liste von allen Menschen, die über seinen Tod benachrichtigt werden sollen.
- Es sind Wünsche zur Gestaltung der Trauerfeier aufgeschrieben, mit der Bitte, drei bestimmte Lieder zu singen und über seinen Lieblingsvers zu predigen – *Jesaja 43,4: Weil du in meinen Augen so wert geachtet und auch herrlich bist und weil ich dich lieb habe.*
- Des Weiteren sind alle wichtigen Papiere abgeheftet. So weiß Angelika, welche Versicherungen zu kündigen sind, welche Lebensversicherungen und Konten es gibt, alles fein säuberlich aufgelistet.

Vergeben und um Vergebung bitten ...

Sie sprechen auch noch mal über ihr gemeinsames Leben, fragen, ob noch etwas gesagt werden sollte und freuen sich, dass alles schon zu Lebzeiten bereinigt werden konnte. Auch die Enkelkinder haben Gelegenheit, sich mehrmals zu verabschieden und ihrem geliebten Opa zu sagen, wie viel er ihnen bedeutet. Dann merkt Angelika, dass es Zeit ist, mit Nachtwachen anzufangen. Sie will ihn nachts nicht mehr allein lassen und nimmt das Angebot der Schwestern gerne an, dass sie sich auch ins Nachbarbett legen dürfe.

Der Todeskampf ...

Der Vater wünscht sich zum letzten Mal das Abendmahl. Die letzte Nacht an seinem Bett, sein Todeskampf wird ihr immer in Erinnerung bleiben. Immer wieder betet er: »Himmlischer Vater, lass mich doch in der Todesstunde nicht allein. Hilf mir doch. Ich vertraue dir. Lass mich sterben.« Oft fehlt ihm die Kraft zu reden und er formt Worte. Angelika entdeckt das Vaterunser auf seinen Lippen und fragt: »Vater, willst du das Vaterunser beten?« Ein Nicken bestätigt ihre Vermutung und sie betet es laut. Immer wieder beten sie oder singen seine Lieblingslieder: *Stern auf den ich schaue, Weiß ich den Weg auch nicht, Lobe den Herren, den mächtigen König der Ehren*. Lieder, die mit seinem Leben und nun auch mit seinem Sterben verbunden sein werden. Er singt immer wieder mit, lautlos, obwohl er kaum Luft zum Atmen hat.

Loslassen und losgelassen werden ...
Zwischendrin flüstert er: »Angelika, ich will sterben.« Und sie hört sich sagen: »Du darfst sterben, Vater, ich lasse dich los.« Immer wieder beteuert er, dass er keine Angst hat und dass er wisse, wo er hingehe.

Dann mitten beim Waschen hört er auf einmal auf zu atmen. Er hat es geschafft. Er ist zu Hause angekommen.

> Spüren Sie auch manchmal diese Sehnsucht in Ihrem Herzen, ehrlich zu werden vor Gott und den Menschen? Wir müssen uns nicht verstellen und verbergen. Wir dürfen ehrlich sein und erleben, dass wir dadurch den Weg zum Herzen vieler Menschen finden.

Mut zur Veränderung – Gottes Angebot annehmen

Vielleicht fragt sich die eine oder der andere, wie man Gott denn heute noch finden kann. Oder Sie sagen: »Ich habe noch nie gehört, dass Gott zu mir spricht. Ich würde ja gerne sein Angebot annehmen, aber wie macht man das denn?«

Gottes Reden durch die Bibel

Viele Christen erleben Gottes Reden zum überwiegenden Teil, indem sie in der Bibel lesen.

Danket dem Herrn ...

Wenn in *Psalm 105,1* die Aufforderung steht: *Danket dem Herrn,* dann könnten Sie sich fragen: »Bin ich dankbar? Wofür könnte ich Gott danken?«

Nehmen Sie sich doch jeden Tag eine Viertelstunde Zeit, um über einen Bibelvers nachzudenken und die Gedanken in ein Tagebuch zu notieren. Nach dem Beschäftigen mit Psalm 105,1 könnten Sie vielleicht beten: »Danke für das Geschenk des Lebens, für gute Gespräche, dafür, dass ich genug zu essen habe, dass ich in einem Land lebe, in dem schon 60 Jahre kein Krieg mehr war.« Oder Ähnliches. Ich bin überzeugt, dass Ihnen ganz viel einfallen wird.

Lassen Sie sich ansprechen durch das gelesene Wort.

Die Frau ehre den Mann ...

Als ich im *Epheser 5,33* las *»die Frau aber ehre den Mann«*, traf mich das Wort wie ein Blitz und sofort fragte ich mich: »Ehre ich meinen Mann?« Diese Bibelstelle arbeitet immer wieder in mir. Ich will es lernen, meinen Mann zu ehren und ich bitte Gott, mir das beizubringen.

Umgekehrt arbeitet die Bibelstelle *Epheser 5,25: Ihr Männer, liebt eure Frauen,* deren Inhalt im gleichen Kapitel Epheser 5,28 und Epheser 5,33 noch mehrmals wiederholt wird, sehr stark am Herzen meines Mannes.

Wir haben beide festgestellt, dass in diesen Bibelstellen jeweils das Kernproblem von Frauen und Männer angesprochen wird. Nach unserer Beobachtung haben Männer oft Schwierigkeiten, Frauen in ihren wirklichen Bedürfnissen ernst zu nehmen und sie so zu lieben, dass sie sich geborgen und angenommen fühlen, während Frauen eine große Liebesfähigkeit haben, auch bei gewalttätigen, fremdgehenden und kranken Männern zu bleiben. Aber sie haben oft große Probleme, Männer zu ehren und sich nicht über sie zu erheben.

Gottes Reden durch andere Menschen

Manchmal redet Gott durch andere Menschen zu uns, sei es durch den Ehemann oder die Kinder, durch Nachbarn oder Freunde. Gott hat so viele Möglichkeiten uns anzusprechen. Oft geschieht es im Gottesdienst durch die Predigt, durch Lieder oder Erfahrungsberichte.

... durch einen Arzt

Maria geht zum Frauenarzt. Sie ist 34 Jahre alt, Mutter von zwei Kindern. Im Gespräch mit dem Arzt sagt sie: »Ich habe mir immer gesagt, bis 35 muss die Familienplanung abgeschlossen sein.« Daraufhin sagt der Gynäkologe: »Frau Broja, da wäre ich aber traurig gewesen, wenn meine Mutter so wie Sie gedacht hätte. Meine Mutter war 43 Jahre alt, als ich kam und sie starb erst mit 85 Jahren. Ich habe nie darunter gelitten, dass sie so alt war, da sie in ihrem Herzen immer jung geblieben ist. Und im Übrigen wissen Sie doch genau wie ich, dass Kinder eine Gabe des Herrn sind.« Maria denkt lange noch über die Worte des Arztes nach und fragt sich, ob Gott nicht durch diesen Arzt gesprochen habe.

... durch eine Lehrerin

Herr Schmitz fragt sich, ob es wirklich Gottes Wille sein könne, das seine Tochter Meike für ein Jahr nach Neuseeland geht. Sie hat sich schon alle Unterlagen besorgt und ist fest dazu entschlossen. Er möchte so gerne eine Bestätigung. So betet er: »Herr, wenn es wirklich dein Wille ist, so rede du heute durch die Klassenlehrerin. Du weißt, dass ich nachher einen Termin bei ihr habe.« Während Meike sich zu Hause noch einmal alle Vor- und Nachteile eines Auslandsjahrs aufschreibt, fährt Herr Schmitz zur Schule. »Meinen Sie, dass es für Meikes Entwicklung wirklich gut wäre, das nächste Schuljahr im Ausland zu verbringen? Ehrlich gesagt, habe ich keine große Kraft, sie dabei zu unterstützen.« Herr Schmitz sitzt der Lehrerin gespannt gegenüber. »Ich bin absolut davon überzeugt, dass Meike diese Chance nutzen sollte, aber genauso sicher weiß ich auch, dass sie ohne Ihre Hilfe nicht gehen wird.« Wieder zu Hause angekommen, begrüßt Meike ihren Vater mit den Worten. »Papa, mir ist klar geworden, dass ich es ohne deine Hilfe nicht schaffe. Ich gebe auf, es sind zu viele Hürden.« Daraufhin hört sich der Vater alle Gedanken an, die Meike sich am Morgen gemacht hat, erzählt von dem Gespräch mit der Klassenlehrerin und verspricht, Meike zu helfen. Für Herrn Schmitz hat Gott durch die Klassenlehrerin geredet.

Gottes Reden in Gedanken und durch Träume

Manchmal redet Gott auch in unsere Gedanken oder selten auch schon mal durch einen Traum.

... durch Träume

Eine Woche vor der Geburt unseres vierten Kindes träumte ich, dass ich in einem Bett lag und man mir das gerade entbundene Kind zeigte. Ich sah genau in sein Gesicht und hörte die Worte: »Das ist Ihr Sohn.« Ich staunte und dachte: »Ich habe ja gar keine Wehen gehabt.« Dann vergaß ich den Traum aber wieder.

... in unsere Gedanken

Eine Woche später sind wir als Hauskreis zusammen. Ich spüre immer wieder leichte Wehen. Während eines Liedes denke ich: »Wenn der Hauskreis vorbei ist, solltest du in die Frauenklinik fahren.« Um 22.30 Uhr sind alle gegangen, als ich zu meinem Mann sage: »Am Anfang des Abends hatte ich den Gedanken, dass wir jetzt in die Klinik fahren sollen, aber ich habe nur ganz leichte Wehen. So kann ich unser Kind nicht auf die Welt bringen.« Zu meiner Überraschung antwortet mein Mann: »Dann pack mal den Koffer, denn ich hatte genau den gleichen Gedanken.« Mein Vater übernimmt das Babysitten der schon schlafenden Kinder, ich sammele meine Sachen zusammen und dann fahren wir ins Krankenhaus. Auf dem Parkplatz will ich gar nicht aus dem Auto steigen. »Meine Wehen haben aufgehört, ich bin Viertgebärende und außerdem selbst Ärztin. Ich mache mich doch nicht lächerlich und gehe ohne Wehen in den Kreißsaal«, erkläre ich mein Sitzenbleiben.

Es ist 5 vor 12 ...

»Lass dich wenigstens untersuchen«, bittet mein Mann. Es kann doch sein, dass Gott zu uns geredet hat. Warum hatten wir denn beide diesen Gedanken? Also gehe ich in den Kreißsaal. Eine Hebamme führt mich in eine Kabine, wo ich mich für die Untersuchung bereit machen soll. Mein Mann bleibt solange im Wartezimmer. Als ich mich auf die Liege lege, verliere ich plötzlich etwas Flüssigkeit. Die Hebamme kommt und ich sage: »Die Geburt scheint doch loszugehen, denn ich habe Fruchtwasser verloren.« »Das ist kein Fruchtwasser, das ist Blut«, kommentiert sie und funkt auch schon den Arzt an. Im Nu bin ich an das Wehenüberwachungsgerät angeschlossen, es wird eine Infusion angelegt und ein Ultraschallgerät besorgt. Man sieht, dass das Kind die Nabelschnur um den Hals und das Handgelenk gewickelt hat und dass die Blutung daher kommt, dass sich der Mutterkuchen schlagartig von der Gebärmutter gelöst hat. Eile ist geboten, damit nicht Mutter und Kind verbluten. Die Anästhesisten werden gerufen, halb liegend unterschreibe ich die Einwilligung in den Kaiserschnitt. Dann wird die Tür aufgerissen und ich werde an meinem nichts ahnenden Ehemann vorbei in den Operationssaal geschoben.

Ein Traum wird wahr ...

Eine halbe Stunde später ereignet sich genau die Szene, die ich in meinem Traum gesehen habe. Eine Schwester zeigt mir unseren Sohn mit den Worten: »Das ist Ihr Sohn.« Und ich dachte nur: »Dich kenn ich doch.«

Ja sagen zu Gottes Angebot

Kennen Sie Zeit allein mit Gott? Sich bewusst fünf, zehn oder dreißig Minuten Zeit zu nehmen?

Beten ist Gespräch mit Gott, nicht nur selbst reden und um Hilfe bitten, sondern auch zuhören, was Gott zu sagen hat.

Gott, wenn es dich wirklich gibt ...
Meine ersten zaghaften Versuche in diese Richtung waren: »Gott, wenn es dich wirklich gibt, dann lass mich dich erleben. Ich habe so oft das Gefühl, dass meine Gebete nur bis zur Decke steigen. Ich möchte dich kennen lernen. Ich vertraue dir und möchte, dass du mein Leben in deine Hand nimmst. Hilf mir, dass ich deine Stimme immer besser von den anderen Stimmen unterscheiden lerne.«

Von falschen Gottesbildern lösen ...
Manchmal müssen wir uns auch erst von falschen Gottesvorstellungen lösen. Wie wurde Ihnen als Kind Gott vermittelt? War er der liebevolle Vater oder der stets strafende Richter? Wurde diese Vorstellung vielleicht sogar noch durch Bücher und Filme unterstrichen?

Zusammen mit unserem fünfjährigen Sohn schaute ich eine amerikanische Zeichentrickserie über die Zehn Gebote an.

Du sollst nicht stehlen ...
Bei dem Gebot: »Du sollst nicht stehlen« lief ein Männchen mit einer Glaskugel in den Wald und versteckte sich in einer Höhle. Als Sonnenstrahlen auf die Glaskugel fielen, leuchtete sie in den schönsten Farben. Das Männchen staunte noch über die Farbenpracht, als eine Stimme aus dem Himmel donnerte: »Du sollst nicht stehlen.« Das Männchen zuckte zusammen und brachte die Kugel sofort zurück.

Abends im Bett fragte mich mein Sohn: »Mama, wer war denn diese furchtbar donnernde Stimme aus dem Himmel?« »Was meinst du denn?«, spielte ich den Ball zurück. Daraufhin sagte mein Sohn: »Ich weiß nur, wer es nicht war. Jesus war es nicht. Er würde ganz leise und liebevoll fragen: ›Würdest du das bitte zurückgeben?‹«

Persönliche Krise als Gottes Chance ergreifen ...

Gott wartet mit weit ausgestreckten Armen auf Sie. Ich bitte Sie, lassen Sie diesen Tag nicht vorbei gehen, ohne ehrlich eine Krise in Ihrem Leben anzuschauen, die noch nicht gelöst ist. Laden Sie Jesus Christus ein, der Ihnen begegnen möchte. Wenden Sie sich in Krisen nicht von ihm ab, sondern ihm zu. Nehmen Sie sein Angebot an. In jeder Krise steckt eine Chance Gottes. Wir sollten sie nicht verpassen.

Krisen sind Gottes Chancen, ...

- ... ihn zu erkennen.
- ... seine Hilfe zu erfahren.
- ... Wunder zu erleben.
- ... erzogen zu werden.

Krisen sind Gottes Chancen, ...

- ... ehrlich zu werden.
- ... verändert zu werden.
- ... sich lieben zu lernen.
- ... den anderen lieben zu lernen.

Krisen sind Gottes Chancen, ...

- ... Schwäche zuzulassen.
- ... dankbar zu werden.
- ... seine Gebote halten zu lernen.
- ... Vergebung zu erlernen.

Arthur Randahl schrieb in seinem Buch »Die Erbin des Hiob« (S.195): *Bewundernd hörte er Rachels abschließende Worte: »Ich habe gelernt und lerne immer noch, dass Schmerz auch etwas Positives hervorbringen kann. Mit Gottes Hilfe und der Hilfe anderer Menschen ist es möglich, den Schmerz zu verstehen und aus ihm zu lernen, anstatt mit Selbstmitleid und Bitterkeit über die Vergangenheit zu trauern. Aus Schmerz kann Barmherzigkeit werden, und wir können lernen, andere zu verstehen, die so leiden, wie wir gelitten haben. Mein Leben hat sich durch das erfahrene Leid für immer verändert. Ich glaube, dass durch Gottes Gnade viel Gutes daraus hervorgehen wird.«*

Nachwort

Ein Leben nach der Geburt

Im Bauch einer schwangeren Frau sind drei Embryonen. Einer davon ist *der kleine Gläubige*, einer *der kleine Zweifler* und einer *der kleine Skeptiker*.

Der kleine Zweifler fragt: »Glaubt ihr eigentlich an ein Leben nach der Geburt?«

Der kleine Gläubige: »Ja klar, das gibt es. Unser Leben ist hier nur dazu gedacht, dass wir wachsen und uns auf das Leben nach der Geburt vorbereiten, damit wir dann stark genug sind für das, was uns erwartet.«

Der kleine Skeptiker: »Blödsinn, das gibt es nicht. Wie soll denn das überhaupt aussehen, ein Leben nach der Geburt?«

Der kleine Gläubige: »Das weiß ich auch nicht so genau. Es wird viel heller sein als hier. Und vielleicht werden wir herumlaufen und mit dem Mund essen.«

Der kleine Skeptiker: »So ein Quatsch. Herumlaufen, das geht doch nicht. Und mit dem Mund essen, was für eine seltsame Idee. Es gibt doch nur die Nabelschnur, die uns ernährt. Außerdem geht das gar nicht, dass es ein Leben nach der Geburt gibt, weil die Nabelschnur schon viel zu kurz ist.«

Der kleine Gläubige: »Doch, es geht bestimmt. Es wird eben alles ein bisschen anders werden.«

Der kleine Skeptiker: »Es ist noch nie einer zurückgekommen nach der Geburt. Mit der Geburt ist das Leben zu Ende. Und das Leben hier ist nichts als Quälerei und dunkel.«

Der kleine Gläubige: »Auch wenn ich nicht so genau weiß, wie das Leben nach der Geburt aussieht, jedenfalls werden wir dann unsere Mutter sehen und sie wird für uns sorgen.«

Der kleine Skeptiker: »Mutter???!!?? Du glaubst an eine Mutter? Wo ist sie dann, bitte?«

Der kleine Gläubige: »Na hier, überall, um uns herum. Wir sind in ihr und leben in ihr und durch sie. Ohne sie könnten wir gar nicht sein.«

Der kleine Skeptiker: »Quatsch. Von einer Mutter habe ich ja noch nie was gemerkt, also gibt es sie auch nicht.«

Der kleine Gläubige: »Manchmal, wenn wir ganz still sind, kannst du sie singen hören. Oder spüren, wie sie unsere Welt streichelt.«

Der kleine Zweifler fragt: »Und wenn es also ein Leben nach der Geburt gibt, wird der kleine Skeptiker dann bestraft, weil er nicht daran geglaubt hat?«

Der kleine Gläubige: »Dass weiß ich nicht so genau. Vielleicht bekommt er einen Klaps, damit er die Augen aufmacht und das Leben beginnen kann.«

Verfasser unbekannt

So wie die drei Embryonen grübeln, ob es ein Leben nach der Geburt gibt und wie es wohl aussehen wird, so fragt sich manch einer von uns, ob es ein Leben nach dem Tod gibt und wie es wohl aussehen mag. Ich wünsche Ihnen, dass Sie Gewissheit bekommen, dass der Gott der Bibel existiert und heute noch erfahrbar ist.

»Überlegen Sie einmal es gäbe keinen Tod, keinen Tag, an dem wir Rechenschaft ablegen müssten für unser Leben. Wäre das nicht unerträglich?«, fragte mich ein Mann und fuhr fort: »Nur durch den Tod wird das Leben wertvoll und kostbar.«

So wie der Tod zum Leben dazu gehört, so gehören auch Krisen zum Leben. Erfülltes Leben trotz (noch) unerfüllter Wünsche ist möglich, wenn wir Gott wirken lassen.